I0007494

Einführung in Linux

Ein praxisorientiertes Lehrbuch

von

Prof. Dr. Thomas Kessel

Berufsakademie Stuttgart

Oldenbourg Verlag München Wien

Bibliografische Information der Deutschen Nationalbibliothek

Die Deutsche Nationalbibliothek verzeichnet diese Publikation in der Deutschen
Nationalbibliografie; detaillierte bibliografische Daten sind im Internet über
<http://dnb.d-nb.de> abrufbar.

© 2007 Oldenbourg Wissenschaftsverlag GmbH
Rosenheimer Straße 145, D-81671 München
Telefon: (089) 4 50 51-0
oldenbourg.de

Lektorat: Wirtschafts- und Sozialwissenschaften, wiso@oldenbourg.de
Herstellung: Anna Grosser
Coverentwurf: Kochan & Partner, München
Cover-Illustration: Hyde & Hyde, München
Gedruckt auf säure- und chlorfreiem Papier
Druck: Grafik + Druck, München
Bindung: Thomas Buchbinderei GmbH, Augsburg

ISBN 978-3-486-58368-7

Danksagungen

In erster Linie möchte ich meiner Frau Hélène und meinem Sohn Jonathan für all die Unterstützung und Geduld in den letzten Monaten danken, die für die Erstellung dieses Manuskripts nötig waren. Weiterhin möchte ich all meinen Freunden danken, die die undankbare Aufgabe des wiederholten Lesens dieses Textes auf sich nahmen und deren wertvolle Vorschläge und Anregungen hoffentlich ihren Weg in das nun vorliegende Dokument fanden. In dieser Hinsicht möchte ich mich besonders bei Dr. Peter Brendle, Thomas Rüter, Dirk Sperner, Prof. Dr. Manfred Sander und Pascal Wegner herzlich bedanken.

Last, but not least, möchte ich an dieser Stelle sehr herzlich meinem Lektor, Dr. Jürgen Schechler, und dem Oldenbourg Verlag für die vertrauensvolle und erfolgreiche Zusammenarbeit in den letzten Jahren danken.

Inhalt

Einführung

Das vorliegende Buch ist aus der Vorlesung „Einführung in UNIX und Linux" entstanden, die seit mehreren Jahren für Studienanfänger im Studiengang Wirtschaftsinformatik, an der Berufsakademie Stuttgart, von mir gehalten wird. Der besondere Fokus der Veranstaltung liegt dabei auf einer praktischen Ausbildung, die Theorie und Praxis gleichberechtigt nebeneinander stellt. Aus dieser Idee heraus wurde das Konzept für diesen Band entwickelt, bei dem die Übungen und die unmittelbaren konkreten Erfahrungen mit Linux Kommandos im Vordergrund stehen. Es handelt sich also um ein Lehrbuch, mit dem man sich im Selbststudium schrittweise ein praxisnahes Linux Wissen erarbeitet.

Zielgruppe des Lehrbuchs

Die Zielgruppe dieses Werkes bilden alle Linux Einsteiger, insbesondere Studierende, Auszubildende und Schüler, die sich aus Interesse oder aus beruflichen Gründen mit Linux beschäftigen möchten. Es werden dabei keine besonderen Kenntnisse vorausgesetzt. Der Text ist so strukturiert, dass er entweder im Selbststudium, parallel zu einer Vorlesung bzw. Schulung oder als Klausurvorbereitung eingesetzt werden kann. Im Gegensatz zu einem „klassischen" Lehrbuch wird hier ein großer Wert auf die zahlreichen praktischen Übungen gelegt, die das theoretische Wissen vertiefen und erweitern. Deshalb ist es in jedem Fall notwendig, dass die begleitenden Aufgaben und Fragen, am Ende jeden Kapitels, bearbeitet werden. Die Lösungen zu den Übungen sind dabei als *Lösungsvorschläge* zu verstehen, denn – wie im Leben üblich – gibt es oft mehrere Alternativen, ein Problem zu lösen.

Linux Kommandozeile als Schwerpunkt

Thematisch handelt es sich bei dem vorliegenden Buch um eine Einführung in die grundlegenden Konzepte der *Linux Kommandozeile*, also der textbasierten Eingabe von Befehlen an das Linux Betriebssystem. Aus diesem Grunde werden weder die Installation von Linux, noch der Gebrauch der grafischen Fensteroberfläche oder einzelner Anwendungen diskutiert, sondern der Fokus liegt auf den elementaren Linux Anweisungen. Die Arbeit mit dem Buch setzt hierbei keine besondere Linux Distribution voraus.[1]

---

[1] Die Befehle, Optionen, Beispiele und Übungen sind prinzipiell unabhängig von einer bestimmten Distribution, sie können sogar weitgehend auf kommerzielle UNIX Versionen übertragen werden. Die Übungen und die zugehörigen Lösungen wurden anhand einer Ubuntu und einer Red Hat Distribution überprüft.

Gliederung des Lehrbuchs

Der Aufbau des Buchs orientiert sich hierbei an den Bedürfnissen eines Einsteigers in Linux.

Zuerst werden im ersten Kapitel die Grundlagen gelegt, in dem die historische Entwicklung von Linux bzw. UNIX erörtert werden, anschließend wird der Aufbau des Linux Betriebssystems sowie die Kommandozeile vorgestellt, abschließend werden unterschiedliche Informationsquellen zum Thema angegeben.

Die Frage der Orientierung innerhalb eines Linux Systems steht im Fokus des zweiten Kapitels. Hier kommt es vor allem darauf an, wie man das interne Linux Dokumentationssystem benutzt, wie man die aktuellen Benutzer, den Rechnernamen, die Betriebssystemversion oder das aktuelle Datum bestimmt. Kurzum, wie kann man als Benutzer die wesentlichen Informationen seines Rechnersystems selbstständig ermitteln.

Das Kapitel drei befasst sich mit der Navigation innerhalb des hierarchischen Dateisystems und den häufigsten Operationen auf Dateien und Verzeichnissen, wie z. B. der Erzeugung und Löschung von Verzeichnissen oder von Dateien. Weiterhin wird die Verwaltung der Zugriffsrechte für Dateien erörtert.

Auf die Arbeit mit dem Texteditor vi konzentriert sich das Kapitel vier. Der vi ist in jeder Linux Version vorhanden sind und da die Bearbeitung von Dateien eine zentrale Aufgabe in einem Betriebssystem darstellt, sollte deshalb der vi Editor in seinen Grundzügen beherrscht werden. Hierbei steht die Konzentration auf die wichtigsten Optionen und Kommandos im Vordergrund.

Die Suche nach Dateien bzw. innerhalb von Dateiinhalten, sowie das Sortieren von Datensätzen stehen im Mittelpunkt von Kapitel fünf. Auch hier erfolgt eine Fokussierung auf die typischen, praktischen Anwendungsfälle der Kommandos.

Der Kommandozeileninterpreter bash, der die interaktive Schnittstelle zum Betriebssystemkern darstellt, und die damit verbundene Funktionalität wird in Kapitel sechs besprochen. Insbesondere die Umgebungsvariablen, die Umleitung von Ein- und Ausgaben und die Änderung von Kommandos werden vorgestellt.

1 Linux Grundlagen

In diesem Kapitel werden die grundlegenden Kenntnisse über Linux dargestellt. Zuerst werden die historische Entwicklung von Linux und UNIX, sowie Linux als Betriebssystem erläutert. Anschließend werden die Unterschiede zwischen Linux und UNIX herausgearbeitet. Die Architektur von Linux steht dann im Mittelpunkt der Betrachtungen. Abschließend werden allgemeine Informationsquellen und die vertiefende Literatur zu Linux angegeben.

Lernziele
Nach der erfolgreichen Bearbeitung dieses Kapitels, können Sie ...

- die historische Entwicklung von Linux und UNIX zusammenfassen
- Linux von den kommerziellen UNIX Versionen abgrenzen
- den Aufbau, die Besonderheiten und die Vorteile von Linux erläutern
- die Einsatzfelder von Linux abschätzen
- Informationsquellen zu Linux einordnen

1.1 Grundlegende Konzepte

Betriebssystemkern und Betriebssystem
Die Aufgabe eines Betriebssystemkerns (engl. kernel) ist die Verwaltung der Betriebsmittel, z. B. Prozessorzeit, Hauptspeicher, Datenspeicher, die von der Hardware zur Verfügung gestellt werden. Ein Betriebssystem (engl. operating system) besteht neben dem Betriebssystemkern noch aus einer Reihe von weiteren System- und Dienstprogrammen, die insbesondere die Kommunikation zwischen dem Anwender und dem Betriebssystemkern ermöglichen.

Terminal
Neben dem bekannten Konzept einer grafischen Benutzeroberfläche, wie sie auch von anderen Betriebssystemen her bekannt ist, bietet Linux auch ein textbasiertes Terminal (engl. terminal) an. Ein solches Terminal dient als Ein- und Ausgabegerät für die Befehle, die an den Betriebssystemkern gerichtet werden. Man könnte das Terminal mit einem DOS-Fenster vergleichen, wobei die Bedienungsführung rein text-basiert ist, also ohne Maus und grafische Elemente auskommt.

Kommandozeileninterpreter

Ein Kommandozeileninterpreter (engl. shell) nimmt die textbasierten Eingaben in Form einer sogenannten Kommandozeile (engl. command line) entgegen und führt diese dann aus. Eine Kommandozeile ist eine Befehlseingabe, die aus einem Kommando (oder Befehl) und ggf. mehreren Optionen und Parametern bestehen kann.

Diese Form der Mensch-Computer-Kommunikation ist für viele Computerbenutzer sehr gewöhnungsbedürftig, insbesondere wenn sie vorwiegend an eine maus-orientierte grafische Benutzerführung gewöhnt sind. Für den geübten Computerbenutzer, z. B. einen Systemadministrator oder Softwareentwickler, bietet die Kommandozeile aber eine Reihe von Vorteilen, denn der angebotene Funktionsumfang liegt in der Regel über dem der grafischen Benutzeroberfläche. Bei einer Kommandozeile können alle möglichen Optionen und Parameter einfach eingegeben werden und oft kann die textuelle Eingabe per Tastatur schneller erfolgen als per Maus. Dank der Befehlshistorie können frühere Kommandos schnell aufgerufen, verändert und so an jeweils neue Situation angepasst werden, statt immer wieder die Befehle neu einzugeben.

Um sich mit der Funktionsweise eines Kommandozeileninterpreters vertraut zu machen ist es sinnvoll sich die folgenden, verschiedenen Kategorien von Kommandos anzuschauen.

Kommandozeile

Eine Kommandozeile ist normalerweise wie folgt aufgebaut:

```
<Befehl> <Optionen> <Parameter>
```

Kommando ohne Optionen und Parametern

Ein Beispiel für ein einfaches Kommando ohne Optionen und Parameter ist der Befehl *ls*.

Zur Erklärung, der Befehl *ls* zeigt den Inhalt des aktuellen Verzeichnisses an, wobei standardmäßig eine verkürzte Ausgabe gewählt wird.

Kommando mit Optionen

Die Optionen werden im Regelfall durch einen Bindestrich eingeleitet und mit einem Buchstaben oder einem Wort ergänzt.

Ein Beispiel für ein Kommando mit Optionen ist *ls -a -l* oder *ls -al*, hierbei ist der Befehl *ls* und die beiden Optionen sind *-a* und *-l*.

Der Befehl *ls -a -l* zeigt alle Dateien und Verzeichnisse in einem ausführlichen Format an, wobei er sich auf das aktuelle Verzeichnis bezieht.

Kommando mit Optionen und Parametern

Ein Parameter kann ein Argument für eine Option sein oder einfach nur den Befehl ergänzen.

Ein Beispiel für einen ergänzenden Parameter ist die Kommandozeile: *ls -al /tmp* welche den Inhalt des Verzeichnisses */tmp* im ausführlichen Format anzeigt.

Hinweise für die Eingabe und die Verarbeitung von Kommandos

- Leider gibt es weder bei den Bezeichnungen für die Befehle, noch für die Optionen oder Parameter selbst, klare Standards oder Konventionen, die eingehalten werden. Die Befehlsübersicht, d. h. die Kurzhilfe, eines jeden Befehls kann je nach Kommando über *-h* oder *-help* aufgerufen werden.
- Weiterhin zeichnen sich die Kommandos häufig durch kryptische Abkürzungen aus, z. B. *-a*, *-l* oder *-v*, die den Einsteiger oder unerfahrenen Benutzer eher verwirren oder abschrecken können.
- Es ist weiterhin wichtig, sich klar zu machen, dass die Befehle, die Optionen, die Parameter usw. case-sensitiv sind, dies bedeutet, dass zwischen Groß- und Kleinschreibung unterschieden wird. Befehle, Optionen oder Parameter haben also eine unterschiedliche Bedeutung, je nachdem, ob sie groß oder klein geschrieben werden.
- Die Optionen und Parameter müssen durch Leerzeichen voneinander getrennt werden, damit sie jeweils korrekt erkannt werden können. Die Optionen können normalerweise hintereinander geschrieben werden, wenn sie keine eigenen Parameter erwarten, z. B. können die Optionen *-a* und *-l* auch als *-al* geschrieben werden.

Fazit:

Die typische Kommandozeile ist aufgebaut aus:

`<Befehl> <Optionen> <Parameter>`

1.2 Historische Entwicklung von Linux und UNIX

Bevor die historische Entwicklung von Linux erörtert werden kann, sollte zuerst die von UNIX vorgestellt werden, denn zum einen entstand UNIX zeitlich deutlich vor Linux und zum anderen lehnt sich Linux in seiner technischen Architektur und Ausrichtung ganz klar an den verschiedenen UNIX Konzepten aus.

UNIX wurde in den siebziger Jahren von den Mitarbeitern des Forschungslabors der AT&T, eines amerikanischen Telekommunikationsunternehmens, Thompson, Kernighan und Ritchie, begründet und entwickelt. Durch eine enge Kooperation mit führenden amerikanischen Hochschulen, z. B. der Universität Berkeley und dem Massachusetts Institute of Technology (MIT), wurden weitere Technologien (z. B. X-Window) und Funktionalitäten in das Betriebssystem integriert und gleichzeitig UNIX als wichtiges Betriebssystem an den dortigen Universitäten etabliert. Die wichtigsten UNIX Versionen sind heutzutage AIX von IBM, HP-UX von HP und Solaris von SUN Microsystems[2]. UNIX Systeme wurden in den achtziger

---

[2] Linux ist eine eingetragene Marks von Linus Torvalds, AIX ® ist eine eingetragene Marke der IBM Corporation, HP-UX ® ist eine eingetragene Marke der Hewlett-Packard Development Company, L.P. und Solaris ® ist eine eingetragene Marke der Sun Microsystems, Inc.

und neunziger Jahren als „offene Systeme" vermarktet und angesehen, da die Systemkonfi-
gurationsdateien bzw. die Systemschnittstellen offen zugänglich waren und so die UNIX
Versionen verschiedener Hersteller relativ problemlos miteinander kommunizieren konnten.

Linus Torvalds gilt allgemein als Erfinder von Linux, denn er entwickelte zu Beginn der
neunziger Jahre einen eigenen Betriebssystemkern, der Kernel, der sich stark an das Vorbild
UNIX anlehnte. Er stellte anderen Programmierern seinen Quellcode über das Internet zur
Verfügung, so dass diese ebenfalls daran arbeiten und den Code verbessern konnten. Aus
dieser anfänglichen Idee heraus entstand Linux, das sich so aufgrund der tatkräftigen Unterstützung vieler Softwareentwickler weltweit zu einem der bekanntesten Betriebssysteme
entwickelte. Linux erlangte vor einigen Jahren den Durchbruch, als es die Unterstützung
vieler bekannter Firmen erhielt, die entweder ihre Hardwaretreiber oder ihre Anwendungen
auf Linux anpassten. Linux ist am einfachsten in Form von Linux Distributionen verfügbar,
z. B. von SUSE, Red Hat oder Ubuntu. Eine Distribution ist eine Zusammenstellung des
Linux Betriebssystemkerns mit weiterer System- oder Anwendungssoftware, z. B. Compiler
für Programmiersprachen, Datenbanken, Webserver. Das Besondere ist hierbei, dass die
Versionsstände der jeweiligen Software aufeinander abgestimmt sind und das Gesamtpaket
eine vorkonfigurierte Installation hat.

Die Linux Stiftung[3] hat nun die Aufgabe übernommen die Linux Standard Base (LSB) zu
spezifizieren, die die Grundlage für alle Linux Distributionen darstellt. Man möchte damit
ein Auseinanderbrechen des Linux Standards verhindern, da ansonsten zunehmend Inkompatibilitäten zwischen den einzelnen Distributionen zu erwarten wären. Die Linux Stiftung dient
somit der Koordination und Steuerung zwischen den einzelnen Entwicklergruppen, als
Ansprechpartner für kommerzielle Unternehmen, die sich an der Weiterentwicklung von
Linux beteiligen möchten und der Standardisierung von Linux.

Eine vergleichbare Aufgabe hat die Open Group, die UNIX und die damit zusammenhän-
genden Technologien standardisiert.[4] Die aktuelle UNIX Spezifikation ist unter der Bezeichnung UNIX03 definiert worden. Die Festlegung auf einen einheitlichen UNIX Standard ist
eine wichtige Lektion aus den achtziger Jahren, als sich die einzelnen kommerziellen UNIX-
Versionen in sehr unterschiedliche Richtungen weiter entwickelten, was zu weitreichenden
Inkompatibilitäten zwischen den Versionen führte und den Erfolg von UNIX sehr ein-
schränkte.

Eine wichtige Frage im Zusammenhang mit Linux ist auch die nach den Lizenzen von Open
Source Software aufgrund einer Vielzahl von unterschiedlichen Lizenzvereinbarungen und
damit der Koexistenz von Open Source und kommerzieller Software. Die Bandbreite reicht
von faktisch „viralen" Lizenzdefinitionen, die jede Anwendung, die Open Source Software
beinhaltet, automatisch selbst zu Open Source macht, zu Lizenzen, die die Verwendung von
Open Source auch in kommerziellen Produkten und Entwicklungen ermöglichen. Diese

---

[3]   Die Aktivitäten und Ergebnisse der Linux Stiftung sind unter http://www.linux-foundation.org einsehbar.

[4]   Die Website der Open Group http://www.unix.org gibt Auskunft über die UNIX Spezifikationen.

Thematik bettet sich in die allgemeine Problematik der Patentierbarkeit von Software ein, die in Europa und den USA in den vergangenen Jahren sehr kontrovers diskutiert wurde.

Fazit:

UNIX wurde an den AT&T Bell Labs in den USA entwickelt und ist ein kommerzielles Produkt geblieben. Linux hingegen war von Anfang an als ein quelloffenes Betriebssystem konzipiert, das von einer weltweiten Entwicklergemeinschaft und einer eigenen Stiftung weiter entwickelt wird.

1.3 Linux als Betriebssystem: Aufbau, Besonderheiten, Vorteile

Linux ist ein Betriebssystem, das u. a. die folgenden Eigenschaften aufweist:

- Es ist für mehrere, gleichzeitige Benutzer ausgelegt
- Es kann parallel mehrere Aufgaben bearbeiten
- Es basiert auf einer Client/Server-Architektur
- Es ist in der Programmiersprache C geschrieben
- Es unterstützt die Kommandozeile und die grafische Benutzeroberfläche
- Es ist zuverlässig und robust
- Es wurde auf Netzwerkintegration und Verteilung hin entworfen

Linux ist ein Mehrbenutzer-Betriebssystem, was zum einen bedeutet, dass die Prozessverwaltung dafür ausgelegt ist, scheinbar gleichzeitig die Programme bzw. Prozesse mehrerer Benutzer abzuarbeiten. Zum anderen ist das hierarchische Dateisystem darauf ausgelegt, für jede Datei zu definieren, welche Benutzer darauf zugreifen dürfen und es erlaubt auch die Verwaltung konkurrierender Dateizugriffe.

Die Fähigkeit mehrere Anwendungen beinahe zeitgleich abzuarbeiten wird als Multitasking bezeichnet und ist heute ein integraler Bestandteil der meisten modernen Betriebssysteme.

Diese Eigenschaften als Mehrbenutzer- und Multitasking-Betriebssystem machen Linux besonders geeignet als Server-Betriebssystem, auf das viele Clients zugreifen. Dies bedeutet, dass viele Benutzer gleichzeitig auf einem Computer arbeiten und viele Anwendungen parallel zueinander abgearbeitet werden. Ein Client ist hierbei ein Programm, das eine Netzwerkverbindung zum Server aufbaut, um von dort Daten abzurufen, abzuspeichern oder Daten berechnen zu lassen.

Die Tatsache, dass große Teile von Linux in C/C++ geschrieben sind, führte dazu, dass zum einen die Übertragung auf andere Rechnerarchitekturen relativ einfach war, denn sie war nur abhängig vom Vorhandensein eines C-Compilers auf der anderen Plattform und zum anderen erlaubte sie die einfache Weiterentwicklung vorhandener Funktionalität bzw. die Erweiterung vorhandener Schnittstellen erlaubte.

Linux bietet sowohl eine grafische Benutzeroberfläche, basierend auf X-Window, als auch eine Kommandozeile an, auch weil letztere in der Regel einen größeren Funktionsumfang anbietet. Während die grafische Benutzeroberfläche den meisten Benutzern intuitiv oder von anderen Betriebssystemen, z. B. Windows, her vertraut ist, so ist dies für die Kommandozeile nicht der Fall. Für eine Diskussion der Vor- und Nachteile der Kommandozeile wird auf den nachfolgenden Abschnitt verwiesen.

Die Zuverlässigkeit und Robustheit des Linux Betriebssystems resultiert aus der jahrzehntelangen Erfahrung durch die Weiterentwicklung der Versionen und wahrscheinlich auch aus der hervorragenden, bewährten Architektur des Betriebssystemkerns.

Alle Komponenten von Linux sind von vorneherein auf einen Betrieb im Netzwerk und damit der Verteilung von Rechnern ausgelegt. Beispiele dafür sind ein Dateisystem, das erlaubt auch auf andere Dateisysteme zu zugreifen, die über das Netzwerk angeboten werden, und das X-Window System, das die grafische Ausgabe auf jeden Rechner im Netzwerk umlenken kann.

Fazit:

> Linux ist ein Mehrbenutzer- und Multitasking-Betriebssystem, das auf einer Client/ Server-Architektur basiert, und es unterstützt sowohl eine Kommandoschnittstelle als auch eine grafische Benutzeroberfläche.

1.4   Unterschiede von Linux und UNIX

Linux ist von seiner Architektur und seiner Funktionalität klar an UNIX ausgerichtet. Obwohl Linux noch nicht alle Merkmale und Ausprägungen heutiger kommerzieller UNIX Versionen erreicht, so ist es durch die Unterstützung vieler Hardware-Plattformen, den Einsatz automatischer Updates und die Bereitstellung unterschiedlicher Dienstleistungen, für den produktiven Einsatz von geschäftskritischen Anwendungen bereit. Linux unterscheidet sich von UNIX weniger in technischer als in organisatorischer Hinsicht. Linux differenziert sich von UNIX vor allem durch die Tatsache, dass zum einen der Linux Quelltext für jede Person frei einsehbar, veränderbar und benutzbar ist und zum anderen Linux durch eine Gemeinschaft von Programmierern weiterentwickelt wird. Es wird allgemein angenommen, dass es nur noch eine Frage der Zeit ist, bis Linux auch in technischer Hinsicht den kommerziellen UNIX Versionen ebenbürtig sein dürfte. Natürlich existieren auch kleinere Abweichungen von Linux bei verschiedenen Befehlen gegenüber den anderen UNIX Versionen, genauso wie sich auch die einzelnen kommerziellen UNIX Versionen voneinander unterscheiden. Tendenziell wächst insgesamt der Anteil von Linux Systemen in professionellen Einsatzfeldern, z. B. in Rechenzentren.

In der Praxis wird UNIX vor allem auf leistungsfähigen Rechnern eingesetzt, die als Server bezeichnet werden und von vielen Benutzern verwendet werden. Diese Server werden in Rechenzentren oder Produktionsumgebungen für große geschäftskritische Anwendungen, z. B. betriebliche Informationssysteme oder umfangreichen Datenbanken, eingesetzt. Die herausragenden Eigenschaften von UNIX sind dabei die große Leistungsfähigkeit auf Computern mit mehreren Prozessoren („Skalierbarkeit"), verbunden mit einer sehr hohen Zuverlässigkeit und vergleichsweise geringen Administrationskosten.

Linux Systeme werden ebenfalls bevorzugt als Server in Rechenzentren verwendet, dabei sind sie aber bislang noch vorwiegend im Einsatz bei kleineren und mittleren Anwendungen, z. B. als Web-, Datenbank- oder Druckserver, vorzugsweise mit Open Source Produkten, z. B. dem Apache Webserver oder der mySQL-Datenbank. Open Source Produkte sind, wie Linux selbst, quelloffen, d. h. ihr Quelltext ist für jeden einsehbar und veränderbar. Weiterhin wird Linux zunehmend auch vom normalen Endbenutzer auf seinem PC für die Verwendung von Bürosoftware, Email, Internet usw. eingesetzt. Man spricht in diesem Zusammenhang auch vom „Desktop", als Gegensatz zum Server.

Fazit:

> Linux ist von seiner Architektur und seiner Funktionalität klar an UNIX ausgerichtet, es unterscheidet sich von UNIX weniger in technischer als in organisatorischer Hinsicht.

1.5 Linux Informations- und Bezugsquellen

In diesem Abschnitt werden zum einen die Bezugsquellen von Linux Distributionen und UNIX Versionen diskutiert und zum anderen Literatur für Einsteiger oder Referenzwerke empfohlen.

Die Linux Distributionen lassen sich auf zwei Arten nutzen. Zum einen erlauben sie die normale Installation von Linux als alleiniges Betriebssystem oder parallel zu einem bereits existierenden Betriebssystem, z. B. Microsoft Windows[5], so dass im letzteren Fall erst beim Starten des Computers entschieden wird, welches Betriebssystem benutzt wird. Zum anderen ist auch die Verwendung von sogenannten Live-CDs/DVDs empfehlenswert, wie sie mittlerweile von allen großen Distributionen angeboten werden. In Deutschland ist insbesondere die Knoppix-CD bekannt geworden. Eine Live-CD/DVD enthält ein vollständiges Linux Betriebssystem und wird beim Starten des PCs aktiviert. Der wesentliche Vorteil dieses Ansatzes ist, dass das aktuelle Betriebssystem des PCs nicht verändert wird und deshalb eignet es sich hervorragend dazu einmal Linux auszuprobieren, ohne es direkt auf dem eigenen PC installieren zu müssen. Ein Nachteil ist hier hingegen, dass öfters auf die CD/DVD

---

[5]   Windows ® ist eine eingetragene Marke der Microsoft Corporation.

ystems, zu erhalten, ist es in der Regel notwendig sich an die entsprechenden Hersteller zu

zugegriffen werden muß und sich so die Gesamtleistung des PCs entsprechend verlangsamen kann und die durchgeführten Änderungen im Regelfall nicht dauerhaft gespeichert werden. Im Anhang befindet sich eine Liste der bekanntesten Linux Distributionen, z. B. Suse, Red Hat, Ubuntu, Debian, usw. und es wird dort auf die entsprechenden Webseiten verwiesen, um sich von dort entweder die Installationspakete bzw. die oben erwähnten Live-CDs/DVDs zu laden.

Um eine UNIX Version, z. B. AIX von IBM, HP-UX von HP oder Solaris von SUN Microsystems, zu erhalten, ist es in der Regel notwendig sich an die entsprechenden Hersteller zu wenden. Es ist allerdings darauf hinzuweisen, dass je nach UNIX Version unter Umständen besondere Hardware-Anforderungen bestehen. Im Anhang befindet sich eine Liste der entsprechenden Webseiten.

Eine eher ausgefallene Variante ist die Installation einer virtuellen Linux Maschine, um so Linux innerhalb einer schon existierenden Betriebssystemumgebung nutzen zu können. Der Vorteil ist hierbei, dass die temporären Änderungen auf die virtuelle Maschine begrenzt bleiben und sich nicht auf das umgebende Gast-Betriebssystem auswirken. Ein bekannter, kostenloser Vertreter einer solchen Software ist der VMware Player, der auch verschiedene Linux Distributionen anbietet und unterstützt.

Die Fachliteratur zum Thema UNIX bzw. Linux ist mittlerweile sehr umfangreich und unübersichtlich geworden, sowohl was die Bücher als auch was die entsprechenden Online-Medien, wie z. B. Webseiten angeht. Aus diesen Gründen wird im Anhang eine subjektive Auswahl von Werken für Einsteiger und Fortgeschrittene vorgestellt und empfohlen.

Fazit:

Die wichtigsten Bezugsquellen sind (1) normale Linux Distributionen, (2) Live-CD/DVDs von Linux Distributionen und (3) spezielle Linux Varianten für virtuelle Maschinen.

1.6 Literaturempfehlungen

Obwohl die primärem Dokumentations- und Informationsquellen in der Regel nicht für den Anfänger oder Einsteiger geeignet sind, so sind sie doch der Vollständigkeit halber unter dem Titel *Referenzliteratur* aufgeführt.

Referenzliteratur
Osamu Aoki, „Debian-Referenz", 2007, http://www.debian.org/doc/user-manuals#quickreference , Einsichtnahme 18.5.2007

Ian Shields „LPI exam 101 prep: GNU and UNIX commands. Junior Level Administration (LPIC-1) topic 103", IBM developerworks 2006, http://www.ibm.com/developerworks/ , Einsichtnahme 18.5.2007

Linux   Standard   Base   Core   Specification   3.1,   2006,   http://www.linux-foundation.org/en/Specifications , Einsichtnahme 18.5.2007

Geschichte von UNIX
Dennis M. Ritchie, Ken Thompson, The UNIX Time-Sharing System, The Bell System Technical Journal, Vol. 57, July–August 1978, No. 6, Part 2, S. 1897–2312

http://www.bell-labs.com/history/unix/ , Einsichtnahme 18.5.2007

Geschichte von Linux
Linus Torvalds, David Diamond, Just for Fun. Wie ein Freak die Computer-welt revolutioniert. München/Wien, Carl Hanser 2007

UNIX Spezifikation
http://www.unix.org/unix03.html , Einsichtnahme 18.5.2007

Linux Standards Base (LSB) Spezifikation
http://www.linux-foundation.org/en/LSB , Einsichtnahme 18.5.2007

Linux Distributionen
Debian: http://www.debian.org/ , Einsichtnahme 18.5.2007

Suse (Novell): http://www.novell.com/linux , Einsichtnahme 18.5.2007

Red Hat: http://www.redhat.com/ , Einsichtnahme 18.5.2007

Ubuntu: http://www.ubuntu.com/ , http://www.ubuntu.com/ , Einsichtnahme 18.5.2007

Hersteller kommerzieller UNIX Versionen
HP: www.hp.com (HP-UX), Einsichtnahme 18.5.2007

IBM: www.ibm.com (AIX), , Einsichtnahme 18.5.2007

SUN Microsystems: www.sun.com (Solaris) , Einsichtnahme 18.5.2007

1.7   Übungen

Geschichte von UNIX

1. An welcher Institution wurde UNIX entwickelt?
2. Wie sieht die Beziehung von UNIX zur Programmiersprache C aus?
3. Für welche Zielgruppen wurde UNIX entworfen?
4. Unter welchem Schlagwort wurde UNIX in der Vergangenheit beworben?
5. Was führte zur Zersplitterung von UNIX?

Geschichte von Linux

6. Wer ist der Erfinder oder Begründer von Linux?
7. Wie wird Linux definiert bzw. spezifiziert?
8. Welches Gremium bzw. welche Personen entwickeln Linux momentan weiter?
9. Wer oder was entscheidet über die Integration technischer Funktionalitäten in Linux?

Linux vs. UNIX : Gemeinsamkeiten und Unterschiede

10. Was unterscheidet Linux von kommerziellen UNIX Versionen?
11. Was sind technische Unterschiede zwischen Linux und UNIX?
12. Was unterscheidet UNIX und Linux bzgl. ihrer Entwicklung?
13. Was sind die Vorteile von „Open Source Software"?
14. Warum ist UNIX wichtig für das Verständnis von Linux?

Technische Grundlagen eines Betriebssystems

15. Was ist Multitasking?
16. Was bedeutet ein Mehrbenutzersystem?
17. Was ist der Betriebssystemkern (bzw. Kernel)?
18. Was ist ein Systemadministrator?
19. Was ist ein Terminal?
20. Wo finde ich Informationen über Betriebssysteme?
21. Was bedeutet die Client/Server-Architektur?

Linux als Betriebssystem: Aufbau, Besonderheiten, Vorteile

22. Was sind besondere Merkmale von Linux?
23. Was kann man unter „OpenSource" oder „quelloffen" verstehen?
24. Hat Linux auch eine grafische Oberfläche?
25. Was ist an Linux offen und modular?

UNIX Versionen

26. Was sind die aktuell wichtigsten kommerziellen UNIX Versionen?
27. Wo und von wem wird UNIX hauptsächlich eingesetzt?

Linux Distributionen

28. Was sind bedeutende Linux Distributionen?
29. Worin unterscheidet sich eine Distribution vom Kernel?
30. Was sind die Unterschiede zwischen den Linux Distributionen?
31. Welche Hardwareanforderungen werden bei Linux vorausgesetzt?
32. Läuft Linux auch auf anderen Hardware-Plattformen als dem PC?
33. Wie sieht es mit Lizenzen von Linux aus?

Linux Anwendungen

34. Was sind typische Anwendungen, die auf Linux laufen?
35. Kann Linux im professionellen Umfeld, wo es auf Zuverlässigkeit, Leistung und professionelle Dienstleistungen ankommt, eingesetzt werden?
36. Müssen die Linux Anwendungen auch Open Source sein?
37. Wer setzt Linux heutzutage ein?
38. Was sind die Vorteile von Linux beim Einsatz im Unternehmen?

Kommandozeile

39. Was ist eine Kommandozeile?
40. Warum ist es sinnvoll Kommandos über die Kommandozeile abzusetzen?
41. Warum haben Kommandos eine besondere Bedeutung?
42. Was ist ein Kommandozeileninterpreter?

Kommandos

43. Was sind Optionen und Parameter eines Befehls?
44. Wozu dienen die Optionen?
45. Wie wird ein Befehl eingegeben?
46. Wie rufe ich die Befehlsübersicht auf?
47. Gibt es eine Systematik für die Benennung der Kommandos?
48. Was muss bei der Eingabe von Kommandos berücksichtigt werden?

UNIX Informationsquellen

49. Was sind die primären Informationsquellen zu UNIX?
50. Wer ist für die Weiterentwicklung von UNIX verantwortlich?

Linux Informationsquellen

51. Wo finde ich Informationen über Linux?
52. Wie erhalte ich Neuigkeiten und Unterstützung zum Thema Linux?
53. Wie erhalte ich den Überblick bzgl. der Dokumentation?

Linux Bezugsquellen

54. Wie erhalte ich eine Implementierung von Linux?
55. Was ist eine „Live"-CD/DVD?

Linux Alternativen

56. Gibt es weitere Open Source oder quelloffene Betriebssysteme, neben Linux?

57. Was sind die kommerziellen Alternativen zu Linux?

1.8 Lösungen

Geschichte von UNIX

1. UNIX wurde in den Forschungslabors der Firma AT&T entwickelt.

2. Ein Großteil des UNIX Quelltextes ist in der Programmiersprache C geschrieben worden, was erheblich die Übertragung auf andere Hardwareplattformen (Portierung) erleichterte, da nur der maschinenabhängige Bereich in Assembler codiert ist. UNIX Erweiterungen können auch in C geschrieben werden.

3. Primär haben die ersten UNIX-Entwickler die Software auf die Bedürfnisse von erfahrenen Computerbenutzern zugeschnitten, wie z. B. Systemadministratoren oder Softwareentwicklern.

4. UNIX Systeme wurden in der Vergangenheit als offene Systeme, sog. „Open Systems", beworben, da ihre Betriebssystem- und Programmierschnittstellen sowie Konfigurationsdateien offen lagen und so verhältnismäßig leicht in bestehende Netzwerke und Infrastrukturen eingebunden werden konnten.

5. Die Zersplitterung von UNIX resultierte aus der Existenz eines schwachen Standardisierungsgremiums und dem Bestreben der Hersteller sich voneinander zu differenzieren. Dies führte zur Entwicklung unterschiedlicher Schnittstellen und Befehle, so dass die gegenseitige Kompatibilität immer weniger gesichert war.

Geschichte von Linux

6. Der Erfinder oder Begründer von Linux ist Linus Torvalds.

7. Die technischen Grundlagen von Linux werden durch die Linux Standard Base (LSB) spezifiziert. Die Linux Standard Base (LSB) wird im Auftrag der Linux Foundation erstellt.

8. Die Linux Foundation stellt über die Definition der Linux Standard Base (LSB) sicher, dass zum einen Linux standardisiert bleibt und zum anderen neue Funktionalitäten integriert werden können. Die Linux Founation koordiniert also die technische Weiterentwicklung von Linux.

9. Für die Weiterentwicklung des Linux Betriebssystemkerns gibt es eine Entwicklergemeinschaft, die sich um einzelne funktionelle Bereiche bzw. die Gesamtkoordination kümmert. Diese einzelnen Entwicklergruppen entscheiden jeweils über die Integration neuer technischer Funktionalitäten.

Linux vs. UNIX : Gemeinsamkeiten und Unterschiede

10. Linux differenziert sich weniger in technischer, als vielmehr in organisatorischer bzw. wirtschaftlicher Hinsicht von den kommerziellen UNIX Versionen. Der Quellcode für Linux ist offen zugänglich und kann verändert werden, bei kommerziellen UNIX Versio-

nen hingegen, wird den Nutzern nur die ausführbare Version des Betriebssystems zur Verfügung gestellt.

11. Die wichtigsten technischen Unterschiede zwischen UNIX und Linux betreffen, auszugsweise:
    - die Unterstützung bestimmter Programmierschnittstellen (APIs)
    - die Unterstützung von Systemen mit vielen Prozessoren
    - die Struktur des Dateisystems
    - die Benennung der Kommandos, Optionen und Parameter
    - die Unterstützung bestimmter Hardware

12. UNIX wurde im Rahmen eines Forschungsprojekts entworfen. Die Entwicklung erfolgte zuerst durch ein Projektteam und wurde im Laufe der Zeit erweitert, so dass auch interessierte Hochschulen daran beteiligt wurden. Der Quelltext war dabei nur für die beteiligten Projektpartner verfüg- und einsehbar. Linux war von Anfang an als ein offenes Produkt konzipiert gewesen, dessen Quellcode für alle interessierten Entwickler offen steht und verändert werden konnte.

13. Die Vorteile von Open Source Software sind vielfältig: (1) die Softwarelizenzen sind prinzipiell kostenlos für Privatpersonen, (2) aufgrund der oft hohen Verbreitung stehen externe Experten, Schulungen, Dokumentationen sowie Support- und Service-Dienstleistungen in ausreichender Zahl zur Verfügung, (3) die Gefährdung durch Sicherheitsangriffe ist potenziell geringer, aufgrund der Tatsache, dass auch viele Sicherheitsexperten den Quellcode angeschaut haben und (4) die Software kann an individuelle Bedürfnisse angepasst werden, da der Quelltext dem Benutzer zur Verfügung steht und (5) die Endbenutzer bleiben von einem Technologie- oder Produktanbieter unabhängig.

14. UNIX lieferte die „Blaupause" für Linux, denn die Architektur und die Grundkonzepte von Linux orientier(t)en sich deutlich an UNIX.

Technische Grundlagen eines Betriebssystems

15. Multitasking bedeutet, dass (scheinbar) gleichzeitig mehrere Programme bzw. Prozesse ausgeführt werden können.

16. Ein Mehrbenutzersystem ist darauf ausgelegt, dass gleichzeitig mehrere Benutzer auf das Betriebssystem und seine Ressourcen zugreifen können. Rechner, die über eine besonders hohe Leistungsfähigkeit und Zuverlässigkeit verfügen, werden Server genannt und verwenden Betriebssysteme, die Mehrbenutzersysteme sind.

17. Als Kernel bezeichnet man den Betriebssystemkern, d. h. die Software, die alle wesentlichen Aktivitäten des Betriebssystem steuert, z. B. die Kontrolle der ablaufenden Prozesse, die Verwaltung des Hauptspeichers oder des Dateisystems.

18. Ein Systemadministrator kümmert sich um die Verwaltung eines Rechners. In einem Linux System sind verschiedene Benutzer(rollen) vorgesehen, eine davon ist die des root oder Superuser, der als Systemadministrator tätig ist. Einfach zusammengefasst ist zu sagen, dass es für den Systemadministrator keine Einschränkungen gibt und er innerhalb des Systems alle möglichen (Zugriffs)Rechte hat.

19. Ein Terminal ist häufig textbasiert und dient der Ein- und Ausgabe von Daten. Ein Terminal ist dabei vergleichbar einer DOS-Konsole. Ein Terminal ist in der Regel auf die Kommandozeile beschränkt. Es können dabei gleichzeitig beliebig viele Terminals eröffnet werden.

20. Im Anhang ist eine Liste von empfehlenswerten Lehrbüchern über die Theorie von Betriebssystemen angegeben.
21. Die Client/Server-Architektur besteht aus einem Server, der Anfragen von einem oder mehreren Clients entgegen nimmt. Der Server verfügt über eine hohe Verarbeitungsleistung und hält die Daten zentral für alle Clients vor. Die Clients benötigen eine geringe Prozessorleistung, denn von dort werden nur die Anfragen gestellt und die Ergebnisse lediglich angezeigt, da die eigentliche Verarbeitung auf dem Server stattfindet.

Linux als Betriebssystem: Aufbau, Besonderheiten, Vorteile

22. Linux zeichnet sich durch einen offenen Aufbau, eine sehr hohe Leistung sowie eine hohe Zuverlässigkeit aus. Dies führt dazu, dass Linux Systeme geschäftskritische Aufgaben und Anwendungen als Hochleistungsrechner oder Server in Rechenzentren ausführen, denn dort kommt es neben einer guten Preis-Leistungs-Relation auch auf eine hohe Zuverlässigkeit an.
23. Open Source oder „quelloffene" Software bedeutet, dass der Quelltext der Software offen ist, d. h. von allen Nutzern gelesen und verändert werden kann.
24. Ja, Linux hat auch eine grafische Oberfläche. Es gibt zwei konkurrierende Implementierungen einer grafischen Oberfläche: KDE und GNOME. Die meisten Distributionen unterstützen beide.
25. Die Offenheit von Linux besteht in der Offenlegung der verschiedenen Programmierschnittstellen, der Konfigurationsdateien und der Einfachheit mit der sich verschiedene Linux Rechner miteinander verbinden lassen.

UNIX Versionen

26. Die wichtigsten aktuellen kommerziellen UNIX Versionen sind: AIX von IBM, HP-UX von HP und Solaris von SUN.
27. UNIX wird hauptsächlich für große geschäftskritische Anwendungen eingesetzt, die hohe Rechenleistungen und Zuverlässigkeit benötigen. Typische Anwendungen sind z. B. sehr grosse Datenbanken oder betriebswirtschaftliche Standardanwendungen.

Linux Distributionen

28. Die bedeutendsten Linux Distributionen sind Suse (von Novell), Red Hat, Ubuntu und Debian.
29. Ein Betriebssystemkern stellt nur sehr elementare Funktionen zur Verwaltung der Betriebssystemressourcen, z. B. Rechenzeit, Hauptspeicher, bereit. Eine Linux Distribution enthält neben dem Betriebssystemkern eine Vielzahl von weiteren Systemprogrammen (z. B. Kommandointerpreter, Compiler) und Anwendungen, z. B. Datenbanken, Internet Browser.
30. Die Unterschiede zwischen den Linux Distributionen bestehen in der Installation, der Auswahl, der Anpassung und der Zusammenstellung des Betriebssystemkerns, der Systemprogramme und der Anwendungen.
31. Die meisten Linux Distributionen sind relativ bescheiden was die Hardwareanforderungen betrifft, so dass es von dieser Seite selten zu Komplikationen kommt. In jedem Fall sind aber die offiziellen Angaben der Linux Distribution verbindlich. Bitte beachten Sie auch, dass es vorkommen kann, dass bei bestimmen Hardwarekomponenten, z. B. Grafik-

oder Soundkarten, Druckern, keine Linux Treiber vorliegen können. In diesen Fällen helfen häufig die einschlägigen Diskussions- und Newsgruppen aus, in denen Benutzer ähnliche Probleme (erfolgreich gelöst) haben.

32. Linux wurde mittlerweile auf eine Vielzahl von Hardware-Plattformen portiert, z. B. für PDAs oder die PowerPC-Plattform.

33. Die Lizenzfrage ist abhängig von der jeweiligen Distribution. Im Regelfall sind nur besondere Versionen einer Distribution, z. B. für Unternehmen, lizenzpflichtig und kosten deshalb Geld.

Linux Anwendungen

34. Linux Systeme werden vorwiegend im Rechenzentrum für große geschäftkritische Unternehmensanwendungen eingesetzt, wie z. B. große Datenbanken, Webserver, betriebliche Informationssysteme. Linux wird dabei zusätzlich nicht nur im Rechenzentrum, sondern auch auf dem PC, z. B. für die Nutzung von Bürosoftware, der Nutzung des Internets oder dem Versenden von Emails usw. verwendet.

35. Linux zeichnet sich durch eine vergleichsweise hohe Stabilität aus und IT-Hersteller, Linux Distributoren sowie IT-Dienstleister bieten zunehmend zusätzliche Unterstützung bei der Installation, der Fehlerbehandlung und der Administration von Linux Systemen an.

36. Nein, sowohl Open Source Anwendungen als auch kommerzielle Anwendungen können auf Linux laufen.

37. Das Zielpublikum von Linux umfasst mittlerweile alle Computerbenutzer, d. h. vom interessierten Einsteiger bis hin zum versierten Computerspezialisten. UNIX wird vor allem von professionellen Administratoren und und Softwareentwicklern verwendet.

38. Durch den Einsatz von Linux wird die Abhängigkeit von einer bestimmten Hardware oder dessen Hersteller reduziert. Weiterhin kann die quelloffene Software besser an kundenspezifische Anforderungen angepasst werden und die Administrations-, Lizenz- und Wartungskosten können oft gesenkt werden.

Kommandozeile

39. Ein Linux Kommando ruft eine Funktion des Betriebssystems auf und führt diese aus. Jedes Kommando ist als eigenständiges Programm codiert.

40. Die Kommandozeile erlaubt den Zugriff auf alle verfügbaren Befehle und Optionen eines Betriebssystems, bei einer grafischen Oberfläche wird in der Regel immer nur ein Teil der Befehle angeboten. Als Konsequenz sollten Linux Benutzer primär die Kommandoschnittstelle beherrschen. Für erfahrene Benutzer kann es durchaus schneller sein, die Kommandos direkt einzugeben, als über verschiedene grafische Menüs zu gehen und dort Dialogfenster zu beantworten.

41. Der Fokus erfolgt in diesem Buch auf die Kommandos, da Einsteiger hiermit erfahrungsgemäß die meisten Schwierigkeiten haben. Auch die grafische Benutzeroberfläche eines Betriebssystems greift letztlich auf diese Kommandos zurück, sie werden nur durch die grafische Schnittstelle verborgen. Um Linux zu beherrschen, bedarf es aber der Kenntnis der Kommandozeile und damit der elementaren Anweisungen, die den Zugang zum Betriebssystemkern erlauben. Aufgrund der Ähnlichkeit von grafischen Benutzeroberflächen ist dort der Erklärungs- und Lernbedarf eher als gering einzuschätzen.

42. Ein Kommandozeileninterpreter liest die Kommandozeile ein und führt diese dann aus.

Kommandos

43. Eine Option wird im Regelfall durch das Symbol - eingeleitet und einem Buchstaben abgeschlossen. Ein Parameter bezeichnet oft einen Datensatz, z. B. eine Datei.
44. Die Optionen dienen dazu ein Kommando an die Benutzerbedürfnisse anzupassen, z. B. den Umfang der Informationen zu reduzieren oder zu erweitern, die Ausgabe zu verändern.
45. Ein Befehl wird über ein Terminal eingegeben. Ein Terminal ist eine textbasierte Eingabeschnittstelle, vergelichbar einer DOS-Konsole über die textuelle Kommandos abgesetzt werden können.
46. Die Befehlsübersicht des jeweiligen Befehls kann oft durch *-h, - -h, -help* oder *- -help* aufgerufen werden. Es gibt leider keine allgemeingültige Regelung für die Benennung der Optionen.
47. Leider gibt es keine befehlsübergreifende Systematik bei der Benennung der Befehle.
48. Bei der Befehlseingabe müssen der Befehl, die Optionen und die Parameter voneinander durch Leerzeichen getrennt werden. Außerdem ist auf die richtige Groß- und Kleinschreibung zu achten.

UNIX Informationsquellen

49. Eine der primären UNIX Informationsquellen ist die Webseite www.unix.org, auf der u. a. die technischen Spezifikationen für UNIX zu finden sind. Weitere Informationsquellen sind die Webseiten der Hersteller der kommerziellen UNIX Versionen, d. h. www.ibm.com (für AIX von IBM), www.hp.com (für HP-UX von HP) und www.sun.com (für Solaris von SUN Microsystems).
50. Für die Weiterentwicklung der kommerziellen UNIX Versionen sind die Hersteller, also insbesondere HP, IBM und SUN Microsystems verantwortlich.

Linux Informationsquellen

51. Die Möglichkeiten sich über Linux zu informieren sind vielfältig. Typische Ansätze sind die Lektüre eines Lehr- oder Handbuchs, der Besuch einer Schulung, die Teilnahme an einem computergestützten Tutorial oder die Literaturrecherche im Internet. Je nach persönlichen Neigungen, Interessen oder Voraussetzungen kann man sich das passende Medium auswählen. Im Anhang werden einige weiterführende Informationsquellen aufgeführt.
52. Die schnellste und kostengünstigste Quelle dürften die diversen Anwenderforen und Newsgroups darstellen, in denen spezifische Probleme einer Linux Distribution oder einer Nutzergruppe diskutiert werden. Ein anderer Ansatz besteht in der Lektüre spezialisierter Zeitschriften oder Lehrbücher.
53. Es ist beinahe unmöglich einen Überblick über die gesamte Dokumentation zu erhalten, da diese zum einen sehr umfangreich ist und zum anderen auch selbst permanent Änderungen unterworfen ist. Deshalb ist es wichtig eine Systematik zu erlernen, mit der man sich selbst informieren kann und diese Erkenntnisse auch in praktisches Wissen umsetzen kann. Das nächste Kapitel adressiert genau diese Problematik.

Linux Bezugsquellen

54. Es gibt Linux Distributionen, die in unterschiedlichen Formen zur Verfügung stehen: als Live-CD/DVD, als normale Installationen oder für eine virtuelle Maschine. Die Distributionen können normalerweise aus dem Internet geladen werden oder liegen häufig diversen Computerzeitschriften bei.

55. Eine Live-CD/DVD erlaubt es das Betriebssystem direkt vom CD-/DVD-Laufwerk zu starten. Dies bedeutet insbesondere, dass die jeweils benötigten Teile des Betriebssystems in den Hauptstpeicher geladen werden, aber keine Installationen auf der Festplatte vorgenommen werden.

Linux Alternativen

56. Neben Linux gibt es noch weitere quelloffene Betriebssysteme, insbesondere FreeBSD, OpenBSD und OpenSolaris.

57. Gibt es denn Alternativen zu Linux? ;-) Microsoft Windows und MacOS sind sicherlich die bekanntesten Alternativen für den PC, wobei es dann wesentlich auf Ihre Anforderungen ankommt und welche Anwendungen Sie auf dem PC laufen lassen möchten. Im professionellen Kontext sind sicher die kommerziellen UNIX Versionen interessante Alternativen.

2 Orientierung in Linux

In diesem Kapitel werden alle grundlegenden Kommandos erläutert, die es dem Benutzer ermöglichen, sich zum einen über die verfügbaren Befehle und zum anderen über den zugrunde liegenden Rechner (z. B. Rechnername, Betriebssystemversion, Datum, Uhrzeit) zu informieren. In den folgenden Abschnitten werden Sie also lernen, wie die interne Dokumentation genutzt werden kann und wie auf die verschiedenen Informationen rund um den Rechner zugegriffen werden kann. Die meisten Befehle bieten eine Übersicht aller Optionen, die mittels *<Kommando> -h*, *<Kommando> --h* oder *<Kommando> --help* aufgerufen werden kann.

Als Einsteiger sollten Sie es sich systematisch zur Gewohnheit machen, vor dem erstmaligen Gebrauch eines Kommandos, die entsprechende interne Dokumentation zu lesen, um so einen Überblick über die möglichen Optionen zu erhalten. Alternativ können Sie auch die Hilfe-Option verwenden, die von den meisten Befehlen unterstützt wird und welche mittels *<Kommando> -h*, *<Kommando> --h* oder *<Kommando> --help* aufgerufen wird. Es ist sinnvoll eine Gesamtübersicht aller Linux Kommandos am Arbeitsplatz zu haben, z. B. in Form eines Handbuchs, einer Kurzübersicht (siehe Anhang) oder einer selbst erstellten Liste von häufig benutzten Befehlen.

Lernziele
Nach der Lektüre dieses Kapitels können Sie

- die interne Dokumentation nutzen (*man, whatis*)
- den Speicherort eines Kommandos bestimmen (*whereis*)
- die aktuellen Benutzer und den eigenen Benutzernamen bestimmen (*who, whoami*)
- den Rechnernamen und die Betriebssystemversion feststellen (*hostname, uname*)
- das Datum, die Uhrzeit und den Kalender anzeigen (*date, cal*)
- eine Textdatei auflisten (*less, more, cat*)

2.1 Grundlegende Konzepte

Zu jedem Linux Kommando werden Dokumentationsseiten, die *man pages*, hintergelegt, die den Befehl selbst beschreiben, u. a. seine Syntax, die verfügbaren Optionen. Das daraus entstehende interne Linux Dokumentationssystem kann nun mittels der Kommandos *man*, *whatis*, *info* oder *whereis* abgefragt werden. Diese Kommandos greifen auf dieselbe, gemeinsame Datenbasis zu, aber sie bieten jeweils eine andere Darstellung oder eine unterschiedliche Zusammenstellung der Informationen an.

Die *man pages* sind die erste Adresse für alle Fragen bezüglich eines Kommandos. Eine Dokumentationsseite besteht aus den folgenden Elementen: dem Namen, der syntaktischen Struktur (engl. synopsis), der grundlegenden Beschreibung des Kommandos (engl. description), einer detaillierten Auflistung seiner Optionen (engl. options), den betroffenen Dateien und den Autoren der entsprechenden Seite.

Die Schwachstelle der Dokumentation ist jedoch zum einen das teilweise Fehlen von Beispielen, die einfach und klar die Funktion des jeweiligen Befehls aufzeigen und zum anderen ist die Dokumentation derart umfangreich und oft in Englisch, so dass es für Einsteiger schwierig ist zwischen relevanten und weniger wichtigen Informationen zu unterscheiden.

Die system- bzw. rechnerspezifischen Daten, z. B. der Rechnername oder die Betriebssystemversion, werden hingegen aus den verschiedenen Konfigurations- und Systemdateien ausgelesen.

Fazit:

Zu jedem Linux Kommando gibt es eine interne Dokumentationsseite, die *man page*, die den Befehl, seine Optionen und Parameter detailliert beschreiben.

2.2   Interne Dokumentation (man, whatis, whereis)

Das Betriebssystem stellt dem Benutzer eine detaillierte, interne Dokumentation zur Verfügung, die normalerweise auf jedem Rechner installiert ist. Diese Informationsquelle ist unter dem Namen *man pages* bekannt. Der Befehl *man* leitet sich von manual ab, d. h. der Gebrauchsanweisung. Eine übersichtliche Variante von *man* ist deshalb *whatis*, das eine kurze, einzeilige Erklärung zum jeweiligen Befehl ausgibt. Die Position der Definition eines Kommandos im Dateisystem wird mittels *whereis* ermittelt. Alle Befehle, die sich auf ein bestimmtes Schlüsselwort beziehen können mittels *apropos* bestimmt werden. Achten Sie bitte bei den Optionen darauf, dass zwischen Kommando und Option ein Leerzeichen bleibt.

Befehl

`man <Kommando>`   gibt die Dokumentation zum Kommando aus

Optionen

man -w	liefert den Ort der Datei für die Dokumentation
man -k	liefert eine Liste von damit zusammenhängenden Befehlen
man -f	liefert eine Kurzbeschreibung von *Kommando*
man -V	liefert die Versionsnummer der Dokumentation
man -h	liefert die Übersicht der Befehlsoptionen

Beispiele

man apropos	ruft die Handbuchseiten zu *apropos* auf
man -w whereis	liefert den Speicherort des *whereis* Kommandos
man -k drucken	zeigt alle Befehle an, die mit *drucken* zusammenhängen
man -f whatis	gibt eine Kurzbeschreibung von *whatis* aus
man -V whatis	gibt die Version der *whatis* Dokumentation aus
man -h	zeigt die Übersicht der Optionen an

Ein- und Ausgaben auf dem Terminal[6]

man apropos	NAME
	apropos - durchsucht die whatis Datenbank nach Zeichenketten
	SYNTAX
	apropos keyword ...
	BESCHREIBUNG
	apropos durchsucht eine Reihe von

---

[6] Es sei darauf hingewiesen, dass die Ausgaben im Hinblick auf eine bessere Darstellung und Verständlichkeit hin ggf. überarbeitet bzw. abgekürzt wurden.

	Datenbank-Dateien, die kurze Beschreibungen von System-Kommandos enthalten, nach Schlüsselworten und zeigt das Ergebnis auf der Standard-Ausgabe an.
	
	SIEHE AUCH
	
	    whatis(1), man(1).
	
	                       Jan 15, 1991
	apropos(1)

man -w man	/usr/share/man/de/man1/man.1.gz
man —w whereis	/usr/share/man/man1/whereis.1.gz
man -f whatis	whatis (1) - search the whatis database for complete words
man -V	man, Version 1.6d
man -h	Aufruf: man [-adfhktwW] [Sektion] [-M Pfad] [-P Pager] [-S Liste] [-m System] [-p String] Name ... a : findet alle passenden Handbuch-Einträge d : Ausgabe von Meldungen zur Fehlersuche f : Ersatz für whatis(1) h : Ausgabe dieser Hilfe k : Ersatz für apropos(1) t : Verwende troff zum Formatieren der Seiten vor der Ausgabe w : Ausgabe der Fundorte der Handbuchseite(n), die angezeigt würde(n) (Wenn kein Name angegeben wurde: die Verzeichnisse ausgeben, die durchsucht würden) M Pfad : Verwende `Pfad' als Suchpfad nach Handbuchseiten   P Pager  : Verwende das Programm `Pager' um Handbuchseiten anzuzeigen S List : Durch Doppelpunkte getrennte Liste von Sektionen m System : Suche nach alternativen Handbuchseiten p String : Zeichenkette, die angibt welche Präprozessoren verwendet werden sollen

Hinweise

- Neben dem Kommando *man* gibt es auch noch *info* in Linux, das als zusätzliches Dokumentationssystem installiert ist. Wenn keine speziellen *info* Seiten vorliegen, dann wird die entsprechende *man page* aufgerufen.
- Die *man pages* sind in einzelne Sektionen aufgeteilt, auf die man getrennt voneinander zugreifen kann. Um die jeweilige Sektion beim *man* Kommando lesen zu können, muss die Sektionsnummer direkt nach dem Kommando *man* eingegeben werden, also z. B. *man 2 man*, ruft die 2. Sektion der *man pages* zum Befehl *man* auf. Die meisten Sektionen (abgesehen von 1) sind aber leer bzw. nicht vorhanden.
- Der Gebrauch des *man* Befehls setzt allerdings voraus, dass der Benutzer vorher weiß, wie der Kommandoname lautet. Dies bedeutet, falls man nur die ungefähre Funktion kennt, muß man sich mit *apropos* behelfen.
- Die Navigation durch die Ausgabe der man pages erfolgt seitenweise durch das Drücken der Leerzeichen-Taste oder zeilenweise durch die Pfeiltasten. Die Ausgabe wird mit „q" (engl. „quit") beendet. Die Ausgabe auf dem Terminal können Sie mit *clear* einfach löschen.
- Die Befehlsübersicht kann auch alternativ über die Optionen *--h* oder *--help* aufgerufen werden. Bitte beachten Sie, dass bei der Befehlsübersicht kein <Kommando> als Parameter benötigt wird, ein *man -h* reicht also aus.

Befehl

apropos <Wort>   liefert ein Liste von Kommandos zum Wort

Beispiele

apropos file	listet alle Kommandos, in deren Beschreibung *file* auftaucht
apropos drucken	zählt alle Befehle auf, in deren Beschreibung *drucken* vorkommt

Hinweise

- Das Kommando *apropos* kann durch den Ausdruck *man -k* ersetzt werden.
- Beim Gebrauch ist darauf zu achten, dass dieselbe Sprache wie in der Dokumentation verwendet wird.

Befehl

```
whatis <Kommando>
```
         gibt kurze Erklärung zum Kommando aus

Beispiele

whatis man	gibt kompakte Befehlsbeschreibung von *man* aus
whatis apropos	zeigt kurze Befehlserklärung an

Ein- und Ausgaben auf dem Terminal

whatis man	```man (1) - format and display the on-line manual pages``` ```man (1p) - display system documentation``` ```man (7) - macros to format man pages``` ```man (rpm) - A set of documen-tation tools: man, apropos and whatis.``` ```man-pages (rpm) - Man (manual) pages from the Linux Documentation Project.``` ```man-pages-de (rpm) - German man pages from the Linux Documentation Project.``` ```man.config [man] (5) - configuration data for man```
whatis apropos	```apropos (1) - search the whatis database for strings```

Hinweis
- Das Kommando kann durch den Ausdruck *man -f* ersetzt werden.
- Der Befehl *whatis* zeigt auch die verschiedenen Sektionen der *man pages* an (siehe auch die Hinweise zum *man* Befehl).

Befehl

```
whereis <Kommando>
```
         gibt die Position des Kommandos an

Beispiele

whereis man	listet den absoluten Pfad der Definition des *man* Kommandos
whereis whatis	gibt den Pfad an, wo der *whatis* Befehls im Dateisystem liegt

Ein- und Ausgaben auf dem Terminal

whereis man	`man: /usr/bin/man /etc/man.config` `/usr/local/man /usr/share/man` `/usr/share/man/man7/man.7.gz` `/usr/share/man/man1p/man.1p.gz` `/usr/share/man/man1/man.1.gz`
whereis whatis	`whatis: /usr/bin/whatis` `/usr/share/man/man1/whatis.1.gz`

Hinweise
- Der *whereis* Befehl lokalisiert und zeigt das Verzeichnis an, in dem der gesuchte Befehl definiert ist. Dies ist insofern wichtig, da zum einen ständig neue Befehle und Anwendungen hinzukommen und zum anderen, da der Suchpfad nur eine Liste von Verzeichnissen enthält, die bei der Eingabe des Kommandos zu durchsuchen sind.
- Alternativ kann man auch den Befehl *which* oder *man -w* verwenden.

Fazit:

Das *man* Kommando gibt die interne Dokumentationsseite zu jedem Befehl aus, die Kommandos *apropos*, *whatis* und *whereis* lassen sich aus *man* herleiten.

2.3   Benutzer und Benutzernamen (who, whoami)

Oft ist es sinnvoll zu wissen, wer noch auf dem Rechner angemeldet ist, d. h. ebenfalls parallel auf derselben Maschine arbeitet. Bedenken Sie dabei, dass Linux Rechner Mehrbenutzersysteme sind, die oft in Rechenzentren stehen und auf die sich auch andere Benutzer über das Netzwerk einloggen können. Die Grundform des Befehls *who*, d. h. ohne jegliche Optionen, liefert leider nur die Benutzernamen, ohne weitere Details. Aus diesem Grunde empfiehlt es sich normalerweise die umfassendere Option *-a* zu verwenden. Das *whoami* Kommando zeigt den aktuellen Benutzernamen, was besonders hilfreich ist, falls man unter verschiedenen Benutzernamen auf einem oder mehreren Rechnern arbeitet.

Befehl

who   gibt alle eingeloggten Benutzernamen aus

Optionen

who -a	liefert zusätzliche Benutzerinfos
who -q	liefert die Anzahl der Benutzer
who --help	liefert die Befehlsübersicht, inkl. Optionen

Beispiele

who	listet nur die Namen der aktuellen Benutzer auf
who -q	gibt die Anzahl der aktuellen Benutzer an

Ein- und Ausgaben auf dem Terminal

who [Bemerkung: die IP-Adressen und die Benutzernamen sind rein fiktiv]	root pts/0 2007-05-09 08:26 (1.2.3.0) kirk pts/2 2007-06-05 15:57 (1.2.3.1) scotty pts/3 2007-06-05 15:19 (1.2.3.2) mccoy pts/4 2007-06-05 08:09 (1.2.3.3) chekov pts/6 2007-06-05 08:30 (1.2.3.4) spock pts/7 2007-06-05 16:11 (1.2.3.5)
who -q	root kirk scotty mccoy chekov spock # Benutzer=6

Hinweise
*   Der Ausdruck *who -a* liefert deutlich mehr Informationen und er ist damit viel praktischer einsetzbar als die einfache Grundform (*who*).

- Das *who* Kommando ist bei einem Einzelplatzsystem selten erforderlich, da Sie dann oft der einzige Benutzer sind. Für Systemadministratoren von Servern ist es hingegen wichtig zu wissen, welche Benutzer auf dem Rechner angemeldet sind.
- Die Option *who -b* gibt den Zeitpunkt des letzten Systemstarts aus.
- Die Option *who -m* zeigt nur den Benutzer an, der auf der Standardeingabe, d. h. der Tastatur des Computers, arbeitet.
- Mit dem Befehl *users* kann man ebenfalls die Liste der aktuellen Benutzernamen ausgegeben.

Befehl

whoami   gibt den eigenen Benutzernamen aus

Fazit:

> Der *who* Befehl zeigt alle eingeloggten Benutzer an und ist nur sinnvoll für Mehrbenutzersysteme (Server).

2.4 Rechnername und Betriebssystemversion (hostname, uname)

Um den Namen des Rechners zu erfahren, auf dem man gerade arbeitet, gibt man einfach den Befehl *hostname* ein. Dies ist besonders dann sinnvoll, wenn man gleichzeitig auf verschiedenen, vernetzten Rechnern arbeitet, entsprechend viele Terminals offen hält und so leicht den Überblick verliert, auf welchen Rechnern man unter welchen Namen eingeloggt ist. Um zu wissen welche Befehle bzw. Optionen des Betriebssystems verfügbar sind, ist es erforderlich zu wissen, welche Version des Betriebssystems installiert ist, dafür wird das Kommando *uname* benötigt.

Befehl

hostname   zeigt den Rechnernamen an

Optionen

hostname -s	zeigt den kurzen Rechnernamen an

`hostname -f`	zeigt den Rechner- und Domänennamen an
`hostname -i`	zeigt die IP-Adresse des Rechners an
`hostname --help`	gibt alle Optionen von *hostname* aus

Beispiele

`hostname -s`	liefert den kurzen Rechnernamen des Computers .
`hostname -if`	zeigt IP-Adresse und den vollen Rechnernamen, inklusive des Domänennamen an

Hinweise

- Normale Benutzer können das *hostname* Kommando nur „lesend" aufrufen, d. h. sie können den Rechnernamen nur abfragen, aber nicht verändern. Diese Änderung der Daten ist dem Systemadministrator (root) vorbehalten.
- Die Optionen von *hostname* sind dann sinnvoll, wenn es um die Integration des Computers in einem Netzwerk geht, in dem Fall sind u. a. die IP-Adresse und der Domänenname wichtig.

Befehl

`uname`   gibt das verwendete Betriebssystem aus

Optionen

`uname -o`	gibt den Namen des Betriebssystems aus
`uname -a`	gibt vollständige Betriebssysteminformationen aus
`uname -r`	gibt den Release des Betriebssystemkerns aus
`uname -v`	gibt die Version des Betriebssystemkerns aus
`uname -m`	gibt den Namen der Hardware-Plattform aus
`uname --help`	gibt alle Optionen von *uname* aus

Beispiele

`uname -rv`	zeigt den Release- und Versionsnamen an
`uname -rvmo`	wie oben, aber zusätzlich mit Information über die Hardware-Plattform und dem Betriebssystemnamen

Ein- und Ausgaben auf dem Terminal

uname	Linux
uname -o	GNU/Linux
uname -a	Linux tux.thomaskessel.de 2.6.20-1.2948.fc6 #1 SMP Fri Apr 27 19:48:40 EDT 2007 i686 i686 i386 GNU/Linux
uname —r	2.6.20-1.2948.fc6
uname —v	#1 SMP Fri Apr 27 19:48:40 EDT 2007
uname —m	i686

Hinweis

- Während der einfache *uname* Befehl nur den Betriebssystemnamen liefert, zeigt das Kommando *uname -a* alle verfügbaren Daten an, einschließlich des Releases und der Version des Kernels sowie der Hardwarekategorie.

Fazit:

> Die Befehle *hostname* bzw. *uname* informieren über den Rechnernamen bzw. das Betriebssystem.

2.5 Datum, Uhrzeit, Kalender (date, cal)

Die Datumausgabe erfolgt über das Konstrukt *date*, das den Wochentag, den Monat, das Jahr und die aktuelle Uhrzeit gemäß dem länderspezifischen Format darstellt. Der Befehl *cal* stellt den aktuellen Kalendermonat mit Hilfe von alphanumerischen Zeichen auf dem Bildschirm dar.

Befehl

date   zeigt das aktuelle Datum, inklusive Uhrzeit, an

Option

date --help	gibt die Befehlsübersicht von *date* an

Beispiele

date	gibt das aktuelle Datum und die Zeit an

Ein- und Ausgaben auf dem Terminal

date	Di 5. Jun 17:14:15 CEST 2007

Hinweise
* Das Datum kann auch mittels der Option *date –s* neu gesetzt werden, wobei dann als Argument eine Format-Zeichenkette notwendig ist. Die Details werden in der internen Dokumentation spezifiziert. Allerdings ist es erforderlich als Systemadministrator (root) angemeldet zu sein, um die Systemzeit neu zu setzen.
* Die Optionen von *date* beziehen sich vor allem auf die verschiedenen, möglichen Ausgabenformate. Eine Übersicht der Ausgabeformate kann über *date --help* erhalten werden.

Befehl

cal	zeigt den aktuellen Kalendermonat

Optionen

cal -3	zeigt den vorherigen, aktuellen und folgenden Kalendermonat
cal –y <Jahr>	zeigt den Jahreskalender von <Jahr> an
cal –m	zeigt den Monatskalender, mit Montag als ersten Wochentag an

Beispiele

cal –y 1984	zeigt das Kalenderjahr 1984 an
cal -3m	listet den vorhergehenden, den aktuellen und den darauf folgenden Kalendermonat auf, wobei der Montag jeweils als erster Wochentag angezeigt wird

Ein- und Ausgaben auf dem Terminal

cal −3	Mai 2007	Juni 2007
[Bemerkung: aus über- sichtsgründen werden nur *zwei* statt alle drei Kalendermonate Dargestellt]	So Mo Di Mi Do Fr Sa 1 2 3 4 5 6 7 8 9 10 11 12 13 14 15 16 17 18 19 20 21 22 23 24 25 26 27 28 29 30 31	So Mo Di Mi Do Fr Sa 1 2 3 4 5 6 7 8 9 10 11 12 13 14 15 16 17 18 19 20 21 22 23 24 25 26 27 28 29 30

Hinweis

• Ähnlich wie *cal*, gibt es noch den Befehl *ncal*, der ebenfalls einen Kalender zeigt. Letzterer ist ebenfalls in der Dokumentation von *cal* beschrieben.

Fazit:

Das Kommando *date* zeigt die aktuelle Uhrzeit und das Datum an, die Anweisung *cal* stellt im ASCII-Format einen Kalender dar.

2.6 Textausgabe auf dem Bildschirm (less, more, head, tail)

Die Ausgabe von Textdateien auf dem Bildschirm gehört zu den elementaren Befehlen eines Betriebssystems. In grafisch orientierten Systemen wird dabei oft einfach auf die Textdatei geklickt und das zugehörige Anzeigeprogramm wird dann automatisch aufgerufen. Es existieren für die Kommandozeile zwei wesentliche Ansätze um Texte anzuzeigen: (1) ein Editor, z. B. vi, wird direkt mit der Textdatei zusammen aufgerufen, was sich besonders empfiehlt, falls die Datei zu verändern ist oder (2) es reicht ein einfaches Ausgabekommando, z. B. in Form von *less* oder *more* aus, um den Inhalt auf dem Bildschirm anzuzeigen. Die Implementierung von *less* erlaubt deutlich mehr Funktionalitäten als *more*. Die Befehle *head* bzw. *tail* zeigen die erste bzw. letzte Seite der Datei an, d. h. normalerweise die ersten (*head*) bzw. letzten (*tail*) 10 Zeilen an.

Befehl

`less <Datei>`   Anzeige der Datei, vollständige Navigation innerhalb der Datei

Option

`less --help`	Anzeige aller Optionen (von *less*)

Beispiel

`less eineDatei`	zeigt die Datei namens *eineDatei* auf dem Bildschirm an

Hinweise
* Es empfiehlt sich eher *less* als *more* zu verwenden, da *less* wesentlich mehr Navigations-funktionen (als *more*) bietet.
* Mit Hilfe der Pfeiltasten und den üblichen Tasten zum vor- und rückwärts Blättern der Bildschirmseiten, kann man sehr gut mittels *less* navigieren.

Befehl

`more <Datei>`   Anzeige der Datei, seitenweise Navigation

Beispiel

`more eineDatei`	zeigt die Datei namens *eineDatei* auf dem Bildschirm an

Hinweis
* Das help Menü von *more* kann nur interaktiv mittels *h* aufgerufen werden, d. h. *more* muss vorher auf eine Datei angewendet werden.

Befehl

`head <Datei>`   Anzeige der ersten Seite der Datei

Optionen

| head —n <Zahl> | Anzeige der ersten <Zahl> Zeilen |
| head —help | Anzeige aller Optionen (von *head*) |

Beispiele

| head —n 20 eine-Datei | Anzeige der ersten 20 Zeilen der Datei namens *eineDatei* |
| head eineDatei | Anzeige der ersten 10 Zeilen der Datei namens *eineDatei* |

Hinweise
* Die Kommandos *head* und *tail* erlauben keine Navigation, aber sie sind sehr hilfreich, falls die Dateien für die manuelle Navigation zu groß sind oder eine programmgesteuerte Bearbeitung der Datei erforderlich ist.
* Die Kommandos *head* und *tail* zeigen normalerweise die ersten bzw. letzten 10 Zeilen der Datei an.

Befehl

tail <Datei>   Anzeige der letzten Seite der Datei

Optionen

| tail —n <Zahl> | Anzeige der letzten <Zahl> Zeilen |
| tail —help | Anzeige aller Optionen (von *tail*) |

Beispiele

| tail —n 30 eine-Datei | Anzeige der letzten 30 Zeilen der Datei namens *eineDatei* |
| tail eineDatei | Anzeige der letzten 10 Zeilen der Datei namens *eineDatei* |

Hinweise
* Eine andere Möglichkeit Dateien anzuzeigen ist der Befehl *cat* <Datei>, aber die Mittel zur Navigation sind leider sehr eingeschränkt und *cat* ist darauf ausgelegt den gesamten Dateiinhalt auf einmal anzuzeigen, was schwierig ist, falls der Umfang den einer Bild-

schirmseite übersteigt. In diesem Fall empfiehlt sich die seitenweise Anzeige mittels *less* oder *more* (z. B. mittels einer Pipe).
- Bei Log- oder Protokoll-Dateien werden die letzten Änderungen meist automatisch an das Ende der Datei angefügt. Mittels *tail* kann so jeweils direkt auf die letzte Änderung lesend zugegriffen werden, ohne zuvor durch die gesamte Datei navigieren zu müssen.

Befehl

`cat <Datei>`   komplette Anzeige der Datei

Beispiel

`cat eineDatei`	vollständige Anzeige der Datei *eineDatei*

Fazit:

Der Befehl *less* listet einen Dateiinhalt am Bildschirm auf; ähnliche Funktionen werden auch von *more* und *cat* angeboten. Die Instruktionen *head* und *cat* können hingegen nur den Anfang bzw. das Ende eines Dateiinhalts anzeigen.

2.7   Übungen

Grundlagen der *man pages*
1. Was sind die *man pages*?
2. Warum sollt man die *man pages* lesen?
3. In welchem Abschnitt wird die Syntax definiert?
4. Wo werden die Optionen erklärt?
5. Wo finden Sie Beispiele und Hinweise für die Anwendung des Kommandos?
6. Was sind die wichtigen Abschnitte der Dokumentation eines Befehls?
7. Brechen Sie die Dokumentationsseiten ab.
8. Löschen Sie die Ausgabe auf dem Bildschirm.
9. Was ist die Alternative zu *man*?

Struktur der *man pages*
10. Was ist die Voraussetzung, um die Dokumentationsseiten effizient nutzen zu können?
11. Was sind weitere Schwächen der *man pages*?
12. Wie und wo kann die Syntax eines Kommandos ermittelt werden?
13. Wie kann man sich über weitere Befehle informieren?

14. Wie kann man sich über einen Befehl informieren, ohne den Namen zu kennen?
15. Was sind die Alternativen, um sich die Übersicht von einem Befehl anzeigen zu können?

Navigation in den Dokumentationsseiten

16. Wie gehen Sie zur nächsten Seite der Dokumentation?
17. Wie gelangen Sie zur vorherigen Seite zurück?
18. Wie können Sie zeilenweise vor- oder zurückgehen?
19. Wie kann die Anzeige der Dokumentation verlassen werden?
20. Wo befinden sich in der Dokumentation (a) die Syntax, (b) die Optionen und (c) die Beispiele?

Sektionen und *info*

21. Wie kann man die einzelnen Sektionen der *man pages* lesen?
22. Welche Sektion liest man, wenn keine explizite Sektion angegeben wird?
23. Was bewirkt der *info* Befehl?

Optionen von *man*

24. Gibt es für *man -w* ein weiteres Kommando?
25. Was sind die Unterschiede zwischen den folgenden Befehlen?
    - *man -k manual*
    - *man -V whatis*

Syntax

26. Welche folgenden Kommandos sind korrekt?
    - *man Man*
    - *manman*
    - *man man*
    - *man man -h*
    - *man -H man*
    - *Man man*
    - *Man Man*

Aufruf der Dokumentation zu *man* selbst

27. Geben Sie das Kommando, zur Anzeige der Dokumentation des Befehls *man,* ein.
28. Finden Sie die Bereiche *synopsis*, *description* und *options*. Wie würden Sie diese Elemente übersetzen und einordnen? Welche Art von Informationen befindet sich dort?
29. Wie können Sie innerhalb der Seiten navigieren, d. h. Ihren Cursor bewegen?
30. Informieren Sie sich über *man* in der internen Dokumentation und in einem Hand- bzw. Lehrbuch. Was sind die Unterschiede?
31. Wie rufen Sie die Übersichtsseite aller Optionen von *man* auf?

Kurzdokumentation zu *head*

32. Geben Sie den Befehl ein, um den Speicherort des Kommandos *head* zu lokalisieren.
33. Wie können Sie eine Kurzdokumentation von *head* erhalten? Geben Sie es bitte ein.
34. Können Sie darin navigieren? Warum (nicht)?

35. Welche Informationen erhalten Sie? Was können Sie daraus schließen?
36. Wie finden Sie die Optionen von *head* heraus?

Ausführliche Dokumentation zu *head*

37. Wie erhalten Sie die ausführliche Dokumentation von *head*?
38. Was sind die üblichen Optionen?
39. Wie können Sie Informationen über ähnliche Befehle erhalten?
40. Was ist das Gegenstück zu *head*?

Kurzdokumentation mittels *whatis*

41. Wie ruft man die Optionsübersicht von *whatis* auf?
42. Wie können Sie das *whatis* Kommando auf *man* und *whereis* anwenden?

Position eines Befehls bestimmen

43. Wo befindet sich der Befehl *head* im Dateisystem?
44. Finden Sie heraus, was die folgenden Optionen bewirken:
    - *whereis –b man*
    - *whereis –m man*

Unbekanntes Kommando ermitteln

45. Angenommen, Sie möchten ein Kommando ermitteln, das Sie entweder früher gelernt haben oder von dem Sie glauben, dass es existiert, ohne jedoch den genauen Namen zu kennen. Welche Ansätze kennen Sie, um den Namen und die Optionen des Kommandos zu bestimmen? Beschreiben und bewerten Sie diese.
46. Versuchen Sie Befehle zum Thema „Datei" oder „drucken" zu finden.
47. Wie hilfreich ist dafür die Option *man -h*?
48. Wie können Sie alle Optionen des Befehls *man* übersichtlich anzeigen lassen?
49. Durch welchen gleichwertigen Ausdruck kann *apropos* ersetzt werden?

Benutzer ermitteln

50. Geben Sie das Kommando zur Bestimmung der aktuellen Benutzer ein.
51. Erklären Sie den Begriff „aktuelle Benutzer".
52. Wie sieht die Information über „aktuelle Benutzer" auf einem Einzelplatz-PC bzw. auf einem Server aus?
53. Ist die Information ausreichend? Welche weiteren Daten benötigen Sie z. B. auf einem Server? Warum?
54. Wie können Sie mehr Informationen erhalten? Geben Sie das entsprechende Kommando ein und vergleichen Sie die jeweiligen Ausgaben.

Anzahl der Benutzer und eigenen Benutzernamen bestimmen

55. Was ist zu tun, falls Sie nur an der Anzahl der aktuellen Benutzer interessiert sind? Führen Sie den passenden Befehl aus.
56. Wie kommen Sie an eine einfache Befehlsübersicht? Warum ist das hilfreich?
57. Welchen Benutzernamen haben Sie selbst? Überprüfen Sie ihn kurz. Wie?

58. Geben Sie den Ausdruck *who -m* ein und erklären Sie dann dessen Bedeutung.

Benutzer
59. Was sind typische Gründe, um sich über die Liste der aktuellen Benutzer zu informieren?
60. Nennen Sie typische Praxisszenarien, in denen die Anzahl der Benutzer als Information ausreichen kann und andere, in denen mehr Daten benötigt werden?
61. Wie erhalte ich eine schnelle Befehlsübersicht in diesem Kontext?
62. Wie kann es dazu kommen, dass man den eigenen Benutzernamen abfragt?

Rechnernamen ermitteln
63. Ermitteln Sie den Rechnernamen.
64. Gibt es noch weitere Optionen des entsprechenden Befehls und falls ja, wie lauten diese?
65. Bestimmen Sie den kurzen und den vollständigen Rechnernamen Ihres Computers. Wie lautet die zugehörige IP-Adresse?
66. Worin unterscheiden sich die Informationen, die der Befehl *hostname -fqdn* liefert, von denen der vorher genannten Befehlsoptionen?

Betriebssystem bestimmen
67. Welche Betriebssystemversion ist auf Ihrem Rechner installiert?
68. Welche weiteren Informationen über das Betriebssystem können Sie noch erhalten?
69. Ermitteln Sie die vollständigen Informationen bzgl. Betriebssystem und Rechnernamen auf Ihrem Computer.
70. Wie können die einzelnen Betriebssystemversionen voneinander unterschieden werden? Gibt es noch feinere Unterscheidungen?

Ausgabe der Uhrzeit und des Datums
71. Geben Sie bitte die aktuelle Uhrzeit und das Datum aus.
72. Was sind die sinnvollen Optionen?
73. Wovon wird die Ausgabe bzw. das Format beeinflusst?
74. Kann die Uhrzeit bzw. das Datum verändert werden und falls ja, wie?

Ausgabe des Kalendermonats
75. Geben Sie bitte den aktuellen Kalendermonat aus.
76. Wie können Sie weitere Kalendermonate ausgeben?
77. Geben Sie bitte das aktuelle Kalenderjahr aus.
78. Was sind die sinnvollen Optionen?
79. Wie können Sie den aktuellen Monat zusammen mit dem vorhergehenden und nachfolgenden Monat anzeigen?
80. Wie können Sie sich das Jahr 2000 anzeigen lassen?

Datum und Uhrzeit
81. Welche Kommandos zur Datums- und Zeitanzeige kennen Sie?
82. Worin unterscheiden sich diese?
83. Wie können Sie auf einzelne Zeit- und Datumselemente zugreifen?
84. Wann kann es sinnvoll sein, die Zeit oder das Datum abzurufen?

Dateien auf dem Bildschirm ausgeben
85. Welche Befehle gibt es, um Dateien auf dem Bildschirm auszugeben?
86. Worin unterscheiden sich die einzelnen Befehle?
87. Welchen Befehl bevorzugen Sie und warum?
88. Wie kann eine beliebige Seite innerhalb einer Datei ausgegeben werden?
89. Wie erfolgt die Navigation durch die Datei? Worin unterscheiden sich die Ansätze?
90. Welche Optionen werden angeboten?
91. Wie wird die Ausgabe abgebrochen? Wie wird der Bildschirm „gelöscht"?

Anfang oder Ende der Datei ausgeben
92. Geben Sie den Anfang und das Ende einer Datei aus.
93. Warum kann es sinnvoll sein auf den Anfang oder das Ende der Datei zu zugreifen?
94. Können Sie die ersten bzw. letzten 20 Zeilen einer Datei anzeigen?
95. Wie können Sie eine Übersicht der Optionen für die Befehle *less*, *head* und *tail* erhalten?

Bewertungen der Verfahren zur Dateiausgabe
96. Was ist die allgemeinste Form – unter den vorgestellten Ansätzen – zur Dateiausgabe?
97. Was ist der Vorteil von *head* bzw. *tail*?
98. Bei welchen Verfahren zur Dateiausgabe gibt es eine Navigation durch die ausgegebenen Zeilen?
99. Was ist der Unterschied bei der Ausgabe einer Datei durch *less* und dem Texteditor *vi*?

2.8   Lösungen

Grundlagen der *man pages*
1. Die *man pages* bilden die interne Dokumentation für alle Kommandos.
2. Die *man pages* stellen die wichtigste primäre Informationsquelle für alle Befehle dar, deshalb sollten sie zuerst gelesen werden, bevor man den Befehl und seine Optionen anwendet.
3. In dem Bereich *synopsis* wird die Syntax beschrieben und erläutert.
4. In dem Bereich *options* werden die einzelnen Optionen vorgestellt und beschrieben.
5. Falls Beispiele angegeben werden, dann sind sie in dem Bereich *examples* zu finden. Es gibt leider keinen besonderen Abschnitt für Hinweise.
6. Die grundlegenden Informationen stehen in den Abschnitten *synopsis* und *options*. Um diese aber effizient anwenden zu können bedarf es einiger Beispiele, um sie auszuprobieren.
7. Die Ausgabe der Dokumentation kann mit dem Drücken der Taste *q* abgebrochen werden.
8. Das Kommando *clear* löscht den Bildschirm.
9. Meines Erachtens gibt es keine ernsthafte Alternative zu den *man pages*, denn die interne Dokumentation ist im Regelfall aktueller und detaillierter als es Lehr- und Handbücher je

sein können. Allenfalls könnte der Befehl *info* als mögliche Alternative betrachtet werden.

Struktur der *man pages*

10. Die Voraussetzung um die Dokumentationsseiten effizient nutzen zu können ist die Kenntnis des jeweiligen Kommandos, d. h. man muss den exakten Befehlsnamen kennen, um die entsprechende Dokumentation abzurufen, ansonsten könnte man den Befehl *a-propos* verwenden.
11. Die *man pages* sind sehr detailliert. Dies bedeutet, dass sie sehr viele Informationen enthalten und man manchmal den Wald vor lauter Bäumen nicht sieht, da es für Anfänger oder Einsteiger schwierig ist zwischen den wichtigen und unwichtigen Informationen zu unterscheiden. Weiterhin fehlen sehr oft Beispiele, um die Anwendung eines Befehls zu verstehen und zu verdeutlichen.
12. Die Syntax eines Kommandos ist im Bereich *synopsis* (am Anfang der Beschreibung) aufgeführt.
13. Am Ende der Beschreibung eines Kommandos werden in der Regel die weiteren, damit verbundenen Kommandos aufgeführt.
14. Über das Kommando *man –k* oder *apropos* kann man versuchen, sich über andere, weitere Befehle zu informieren, ohne notwendigerweise deren Namen zu kennen.
15. Es gibt zwei Alternativen: (1) den Aufruf aller Optionen über *<Befehl> -help* o.ä. oder (2) die Nutzung von *whatis*. Ersteres empfiehlt sich wenn man sich über die Befehlssyntax und die Benennung der Optionen unsicher ist, letzteres ist sinnvoll, wenn es um die allgemeine Bedeutung des Befehls geht.

Navigation in den Dokumentationsseiten

16. Durch Drücken der Leertaste kann man vorwärts blättern.
17. Die üblichen Tasten zum Blättern der Bildschirmseiten erlauben auch hier die seitenweise Navigation in den Dokumentationsseiten.
18. Durch die Pfeiltasten ist zeilenweises Blättern möglich.
19. Durch Drücken der *q*-Taste.
20. Die Syntaxbeschreibung (*synopsis*) befindet sich normalerweise am Anfang der Dokumentationsseite, dann folgt eine Auflistung und Erklärung der Optionen (*options*) und zum Schluss kann noch eine Liste an Beispielen (*examples* oder *samples*) für die Anwendung des Kommandos kommen.

Sektionen und *info*

21. Indem die Sektionsnummer direkt nach *man* eingegeben wird, also z. B. *man 2 less*, wobei es bis zu neun Sektionsnummern gibt.
22. In diesem Fall wird die erste Sektion aufgerufen.
23. Durch *info* wird ein zusätzliches Dokumentationssystem aufgerufen, falls dieses nicht installiert ist, wird die entsprechende *man page* verwendet.

Optionen von *man*

24. Das Kommando *whereis* ist gleichwertig mit dem Ausdruck *man -w*

25. Der Befehl *man -k* erlaubt es die *man pages* nach Schlüsselwörtern zu durchsuchen, *man -V* zeigt die Versionsnummer an.

Syntax

26. *man man* ist die korrekte Auswahl.

Aufruf der Dokumentation zu *man* selbst

27. *man man*

28. Der Bereich *synopsis* beschreibt den syntaktischen Aufbau des Befehls, d. h. die Reihenfolge und die Art der Optionen und Parameter. Der Abschnitt *descriptions* beschreibt die Funktionalität des Kommandos, d. h. wie der Befehl ausgeführt wird und welche Auswirkungen er hat. Der Abschnitt *options* listet alle möglichen Optionen auf.

29. Mit dem Drücken der Leertaste kann die nächste Bildschirmseite aufgerufen werden.

30. Die interne Dokumentation ist im Regelfall ausführlicher, bietet aber selten Praxistipps.

31. *man -h*

Kurzdokumentation zu *head*

32. *whereis head*

33. *whatis head*

34. Man kann nicht innerhalb der Kurzdokumentation navigieren, da sie zu klein ist (in der Regel nur 1-2 Zeilen lang).

35. Die Kurzdokumentation enthält nur die wesentliche Funktionalität, aber keine Syntax oder Optionen. Dafür ist *<Befehl> --h* oder *<Befehl> --help* besser geeignet.

36. Die Optionen von *head* sind in dem Bereich *options* aufgelistet oder sie können über *head - -help* ermittelt werden.

Ausführliche Dokumentation zu *head*

37. *man head, info head*

38. Die üblichste Option ist *head -n*, da man so die Anzeige der Zeilen variabel einstellen kann.

39. Mittels des Kommandos *apropos head* oder *man -k head* (alternativ am Ende der man page von *head*) kann man feststellen, ob es noch weitere Befehle gibt, die sich auf *head* beziehen.

40. Das Gegenstück zu *head* ist *tail*.

Kurzdokumentation mittels *whatis*

41. *whatis --help*

42. *whatis man ; whatis whereis*

Position eines Befehls bestimmen

43. Dies kann über den Befehl *whereis head* ermittelt werden.

44. *whereis -b man* zeigt nur die Position von ausführbaren Dateien (sog. binären Dateien, engl. binaries) an, *whereis -m man* nur die der *man pages* auflistet.

Unbekanntes Kommando ermitteln

45. *apropos <stichwort>* oder *man -k <stichwort>* oder in einem Referenzwerk/-liste den Befehls nachschlagen, wobei die Suche in der Online Dokumentation effizienter ist.

46. *apropos print, apropos file* (oder: *man -k print, man -k file* in der englischen Dokumentation)

47. Die Option ist sehr hilfreich, denn sie zeigt alle Optionen übersichtlich an.

48. *man –h*

49. Durch den gleichwertigen Ausdruck *man -k*, denn dies ist eine der Optionen von *man*.

Benutzer ermitteln

50. *who, who -a*

51. Aktuelle Benutzer sind alle Benutzer die momentan am System angemeldet sind.

52. Auf einem Einzelplatz-PC gibt es in der Regel nur einen angemeldeten Benutzer, auf einem Server gibt es normalerweise mehrere Benutzer, die gleichzeitig dort arbeiten.

53. Weitere interessante Daten wären, von welchem Rechner sich die Benutzer mit dem Server verbunden haben und seit wann die Verbindung besteht.

54. *who –a*

Anzahl der Benutzer und eigenen Benutzernamen bestimmen

55. *who*, dann ist nur noch die Zahl der aktuell angezeigten Benutzer(namen) zu bestimmen.

56. *who -help* oder *man who*

57. *whoami*

58. *who -m* ermittelt den Benutzer an der Standardeingabe (d. h. der Tastatur).

Benutzer

59. Als Systemadministrator ist es immer sinnvoll zu wissen, wieviele und welche Benutzer gerade aktuell im System angemeldet sind. Dies ist ein ungefährer Indikator für die Arbeitslast des Systems, denn es kann vermutet werden, daß die Arbeitslast umso höher ist, je mehr Benutzer im System angemeldet sind.

60. Wenn es nur um die Anzahl der Benutzer geht, dann reichen die Benutzernamen aus. Wenn es aber um eine detaillierte Analyse, z. B. bei einem illegalen Einbruch in den Server geht, dann ist es mehr als hilfreich zu wissen, wann sich die einzelnen Benutzer im System angemeldet haben, von welchem Rechner sie sich mit dem Server verbunden haben.

61. Die schnelle Befehlsübersicht wird durch *who --help* erreicht.

62. Falls man gleichzeitig auf mehreren Rechnern unter jeweils einem anderen Benutzernamen angemeldet ist, kann man schon mal die Übersicht verlieren. Deshalb ist es dann sinnvoll mittels *whoami* den verwendeten Benutzernamen zu ermitteln.

Rechnername ermitteln

63. *hostname* oder *hostname -s*

64. Die Optionen sind *-s, -f, -i* oder *hostname -sfi* oder *hostname -help*

65. *hostname -fdn* und *hostname -i*

66. Vollständiger Rechnername, inklusive der Domäneninformation.

Betriebssystem bestimmen

67. uname

68. Am einfachsten ist *uname -a*, da so alle Informationen angezeigt werden. Die Befehls-
    übersicht erhält man durch -help. Andere Optionen sind: *-r, -v, -m, -o*.

69. *uname -a* (Betriebssystem), *hostname -fdn*

70. Die einzelnen Betriebssystemversionen werden durch ihre Versionsnummern voneinan-
    der unterschieden. Es können noch feinere Unterscheidungen anhand der Releasenum-
    mern vorgenommen werden. Die Versionsnummern werden durch *-v*, die Releasenum-
    mern durch *-r* erhalten.

Ausgabe der Uhrzeit und des Datums

71. date

72. Die sinnvollen Optionen sind *-s* und *- - help*.

73. Von der Systemzeit, d. h. der Zeitzone, und der sog. Lokale, einer „Lokalisierungsvariab-
    len", welche die Anpassung der Ausgabe an lokale Formate festlegt.

74. Ja, durch die Änderung der Systemuhr bzw. -zeit und die Festlegung der Zeitzone (TZ).
    Als Systemadministrator (root) kann man auch die Systemzeit explizit zuweisen.

Ausgabe des Kalendermonats

75. cal

76. cal -3

77. *cal -y <Jahr>*, z. B. *cal -y 2007*

78. Weitere Optionen können unter *man cal* nachgelesen werden. Andere sinnvolle Optionen
    sind *-3, -m, -y*.

79. cal -3

80. cal -y 2000

Datum und Uhrzeit

81. Die wichtigsten Befehle zur Anzeige von Datum und zur Uhrzeit sind: *date* und *cal*

82. Der Befehl *date* liefert eine Anzeige der aktuellen Uhrzeit und des Datums. Das Kom-
    mando *cal* hingegen liefert eine Übersicht des aktuellen Kalendermonats bzw. eine Liste
    von Kalendermonaten.

83. Für *cal* gibt es zwei Optionen *-3* und *-y*, d. h. mittels -3 wird der vorhergehende, der ak-
    tuelle und der kommende Kalendermonat angezeigt, mittels -y kann das betreffende Ka-
    lenderjahr ausgewählt werden, um dann alle Kalendermonate anzeigen zu können.

84. Um zu überprüfen, welche Uhrzeit oder welches Datum auf dem Rechner eingestellt ist,
    müssen die entsprechenden Befehle (*date, cal*) aufgerufen werden. Die Zeit- und Da-
    tumsinformationen sind sehr wichtig, da u. a. die gesamte Dateiverwaltung darauf basiert,
    denn bei der Erzeugung, dem Zugriff oder der Veränderung von Dateien wird der Zeit-
    punkt jeweils protokolliert.

Dateien auf dem Bildschirm ausgeben

85. *more, less, cat* oder alternativ der Aufruf eines Texteditors.

86. Die Funktionalität von *less* ist (trotz des Namens) erheblich grösser als die von *more*. Das
    Kommando *cat* zeigt die gesamte Datei an, was bei großen Dateien, deren Inhalt über ei-

ne Bildschirmseite hinausgeht, nicht immer gewünscht wird. In diesem Fall ist *less* besser, denn es zeigt den Dateiinhalt seitenweise an.

87. Wenn es um die seitenweise Anzeige einer großen Datei geht, dann ist sicherlich *less* die erste Wahl, zumal hier auch eine gute Navigation möglich ist. Bei kleineren Dateien fällt dies weit weniger ins Gewicht und sowohl *more* als auch *cat* können zum Zuge kommen.

88. Die Datei muss mittels *more* oder *less* ausgegeben werden. Anschliessend muss innerhalb der Datei navigiert bzw. weitergeblättert werden, so lange, bis man an die entsprechende, gewünschte Seite kommt. Alternativ kann ein Texteditor verwendet werden.

89. Mit *less* kann man vor- und rückwärts in der Datei navigieren, mit *more* nur vorwärts.

90. Für *less* erhält man eine Übersicht mittels *less --help*.

91. Durch die Taste *q* werden die *man pages* verlassen und der Bildschirm wird, wie üblich, durch *clear* gelöscht.

Anfang oder Ende der Datei ausgeben

92. *head <Datei>, tail <Datei>*

93. Um sogenannte Header-Informationen zu lesen, die am Anfang der Datei gespeichert sind, z. B. bei Programmdateien Informationen zum Autor, die Beschreibung des Programms, die Liste der Änderungen usw., welche oft entscheidend für das Verständnis des Quelltexts sind. Am Ende werden bei Log- oder Protokolldateien die letzten Änderungen angehängt, so dass es ausreichend ist die letzten Zeilen zu lesen, um über den aktuellen Stand auf dem Laufenden zu sein.

94. *head -20 eineDatei* und *tail -20 eineDatei*

95. *less - -help ; head --help ; tail --help*

Bewertungen der Verfahren zur Dateiausgabe

96. Die allgemeinsten Formen der Dateiausgabe sind *less* oder *more*, denn mit ihnen kann man jeweils den gesamten Dateiinhalt ausgeben und in der Datei navigieren. Alternativ könnte man den Einsatz eines Texteditors erwägen.

97. Der Vorteil von *head* und *tail* ist, dass man sofort Zugriff auf den Anfang bzw. das Ende der Datei hat. Dies ist besonders wichtig, wenn die Dateien sehr umfangreich sind und es relativ lange dauern würde manuell durch die Datei zu navigieren.

98. Die Navigation gibt es bei den allgemeinen Verfahren *less* und *more*, denn sie erlaubt es die Dateien vom Anfang bis zum Ende zu lesen bzw. auszugeben.

99. Bei der einfachen Dateiausgabe mittels *less* oder *more* kann die Datei nur angezeigt, aber nicht verändert werden. Bei einem Texteditor hingegen kann eine Datei angezeigt und modifiziert werden.

3   Dateioperationen

Im vorliegenden Kapitel werden die einzelnen Operationen diskutiert, die auf Dateien ausgeführt werden können, wie z. B. das Kopieren, das Löschen, das Umbenennen oder das Verschieben von Dateien. Weiterhin wird das Erzeugen und Löschen von Verzeichnissen, sowie das Setzen von Zugriffsrechten auf Dateien und Verzeichnisse erörtert.[7]

Lernziele
Nachdem Sie dieses Kapitel erfolgreich bearbeitet haben, können Sie

- Verzeichnisstrukturen erkennen
- zwischen absoluten und relativen Pfaden unterscheiden
- Dateien auswählen (wild cards: *?*, ***)
- das aktuelle (Arbeits-)Verzeichnis abfragen (*pwd*)
- Dateien und Verzeichnisse anzeigen (*ls*)
- Verzeichnisse wechseln (*cd*)
- Dateien und Verzeichnisse verschieben und umbenennen (*mv*)
- Dateien und Verzeichnisse kopieren (*cp*)
- Dateien und Verzeichnisse erzeugen und löschen (*touch, rm, mkdir, rmdir*)
- Zugriffsrechte der Dateien und Verzeichnisse setzen (*chmod, chown, chgrp, umask*)

3.1   Grundlegende Konzepte

3.1.1   Verzeichnisstrukturen

Ein Verzeichnis besteht aus Dateien und kann wiederum weitere Verzeichnisse enthalten. Ein typisches Beispiel für ein Verzeichnis ist das Benutzerverzeichnis (engl. home directory), das jedem Linux Benutzer zugeordnet wird und in dem alle Dateien des Benutzers gespeichert werden. Die Verzeichnisse in dem Benutzerverzeichnis werden als Sub- oder Un-

---

[7] Zur Vereinheitlichung der Bezeichnungen werden als Dateinamen durchgängig offensichtliche Benennungen wie *eineDatei, andereDatei, Datei1* usw. verwendet. Analog dazu werden die Verzeichnisse ähnlich als *einVerzeichnis, anderesVerzeichnis* oder *Verzeichnis1* benannt. In diesem Kapitel wird von einem (fiktiven) Benutzerverzeichnis unter dem absoluten Pfad /home/tux ausgegangen, alle weiteren relativen Pfade beziehen sich drauf. Die Ausgaben auf dem Terminal beziehen sich hingegen auf den Benutzer *kessel* der Gruppe *dozwi*.

terverzeichnisse (engl. sub directory) angesehen und das Benutzerverzeichnis ist in diesem Fall das Eltern- oder Oberverzeichnis (engl. parent directory).

Das Linux Dateisystem ist hierarchisch angeordnet. Die oberste Ebene des Dateisystems, Wurzel genannt (engl. root directory), ist der Ausgangspunkt für alle Dateipfade und wird beschrieben durch „/". Das Dateisystem eines Betriebssystems wird als Baum beschrieben. Ein Baum zeichnet sich in der Informatik dadurch aus, dass der Weg von der Wurzel zu jedem beliebigen Verzeichnis bzw. Datei eindeutig bestimmt ist.

Fazit:

Jeder Linux-Benutzer erhält ein Benutzerverzeichnis. Ein Verzeichnis, das in einem Verzeichnis enthalten ist, nennt man Sub- oder Unterverzeichnis und das enthaltende Verzeichnis nennt man Eltern- oder Oberverzeichnis.

3.1.2 Absoluter und relativer Pfad

Zwei wichtige Begriffe sind der absolute und der relative Pfad. Es handelt sich hierbei, um die Art wie man Dateien oder Verzeichnisse adressiert. Beim absoluten Pfad wird der komplette Weg, d. h. vom Beginn des Dateisystems, der Wurzel[8], bis zum Aufenthaltsort der Datei, beschrieben. Beim relativen Pfad wird der Weg zur Datei, ausgehend vom aktuellen Verzeichnis, festgelegt. Die Eigenschaft relativ bezieht sich also auf die Tatsache, dass man den aktuellen Aufenthaltsort des Benutzers berücksichtigt. Syntaktisch gesehen sind beide Pfade sehr einfach zu unterscheiden, denn der absolute Pfad beginnt immer mit „/". Der absolute Pfad ist im Regelfall länger als der relative, er funktioniert aber immer, da er unabhängig vom Aufenthaltsort ist.

Beispiele für absolute Pfade sind, von der Wurzel ausgehend:

```
/home
/home/tux
/home/tux/eineDatei
```

Die Namen *home* und *tux* bezeichnen Verzeichnisse, wobei der (absolute) Pfad */home/tux* das (Benutzer-)Verzeichnis des fiktiven Benutzers *tux* ist.

Beispiele für relative Pfade sind:

```
tux
tux/eineDatei
```

---

[8] In der Terminologie der Informatik ist die Wurzel oben positioniert und bezeichnet die höchste, oberste Ebene.

Fazit:

> Ein absoluter Pfad ist syntaktisch dadurch gekennzeichnet, dass zu Beginn des Dateipfads ein „/" steht und der Dateipfad vollständig ist. Der relative Pfad hingegen beschreibt den Weg zur Datei, ausgehend vom aktuellen Verzeichnis, und ist meist deutlich kürzer.

3.1.3 Dateien auswählen mittels wild cards (?, *)

Ein weiteres wichtiges Konzept ist die Auswahl von Dateien über den Namen. Bei der Auswahl bedient man sich sogenannter „wild cards", d. h. vor allem der beiden Symbole „*"oder „?". Das Symbol * steht hierbei für eine beliebige Zeichenkette, die aber auch leer sein kann, während *?* ein beliebiges Zeichen darstellt. Man bezeichnet die Kombination von Buchstaben und Zahlen mit * oder *?* als Ausdrücke. Mögliche Ausdrücke sind zum Beispiel, *Datei*, *Datei?* oder *Datei?*. Alle Datei- oder Verzeichnisnamen, die zu dem Ausdruck passen, werden dann durch das entsprechende Kommando ausgewählt. Im ersten Fall handelt es sich um alle Dateien, deren Name auf die Zeichenfolge *Datei* endet, d. h. eine beliebige Zeichenfolge, abgeschlossen durch *Datei*, zum Beispiel die Namen *Datei*, *eineDatei* oder *zweiteDatei*. Im zweiten Fall geht es um Dateien, deren Name mit *Datei* beginnt und um ein weiteres Zeichen ergänzt wird, z. B. *Datei1* oder *Datei2*. Im dritten Fall sind alle Dateien betroffen, deren Name mit einer beliebigen Zeichenkette beginnt, dann kommt *Datei* und es kann durch ein weiteres Zeichen abgeschlossen werden, z. B. *eineDatei*, *eineDatei1* oder *zweiteDatei2*. Neben * und *?* kann man auch weiterhin die Auswahl stärker einschränken indem man einen expliziten Wertebereich vorgibt. Dies erfolgt syntaktisch auf die folgende Weise: [<Zeichen1> - < Zeichen2>].

Ausdrücke (wild cards)

*   beliebige Zeichenkette

?   beliebiges Zeichen

[<Zeichen 1> - < Zeichen 2>]   alle Zeichen, die zwischen < Zeichen 1> und < Zeichen 2> liegen

Beispiele

eine*	bezeichnet alle Dateien deren Namen mit *eine* beginnt	z. B. *eine, eineDatei, eineMaus*.
eine?	bezeichnet alle Dateien deren Namen aus *eine* und nur einem weiteren Zeichen bestehen,	z. B. *eineA, eineB, einea, eineb, eine1, eine2*.

eine[A-F]	bezeichnet alle Dateien deren Namen mit *eine* beginnt und dessen folgendes Zeichen zwischen den Buchstaben A und F (in Groß- schreibung) liegt,	z. B. *eineA, eineB, eineC, ..., eineF.*

Hinweise

- Bei der Beschränkung durch [<Zeichen1> - < Zeichen2>] handelt es sich um eine alpha- betische Ordnung, bei der die Groß- und Kleinschreibung relevant ist.
- Das Zeichen * kann prinzipiell für eine beliebig lange Zeichenkette stehen, wobei diese in der Praxis durch die maximale Länge der Dateinamen begrenzt wird.
- Um alle Dateien abzudecken empfiehlt sich der Gebrauch von *.
- Bitte beachten Sie, dass es schwierig ist, die Auswirkungen von allgemein gehaltenen Ausdrücken wie z. B. *a*, *e* oder *o* einzuschätzen. Solche Ausdrücke schränken die Anzahl der Dateien kaum ein und führen oft dazu, dass unfreiwillig mehr Dateien ausge- wählt werden als ursprünglich vom Benutzer beabsichtigt waren. Dies ist besonders kri- tisch, wenn es um das Löschen von Dateien und Verzeichnissen geht.

Fazit:

Die wild cards * bzw. ? beschreiben eine beliebige Zeichenkette bzw. ein beliebiges Zei- chen. Der Gebrauch von wild cards erlaubt so die Auswahl mehrerer Dateien durch einen Namen, d. h alle Datei- oder Verzeichnisnamen, die zu dem Ausdruck passen, werden ausgewählt.

3.2   Aktuelles Verzeichnis abfragen (pwd)

Die grundlegende Frage bei der Navigation durch die Verzeichnisse ist immer, wo man sich gerade befindet. Das Kommando *pwd* (engl. print working directory), beantwortet die Frage nach der aktuellen Position, in dem es diese in Form eines absoluten Pfads anzeigt.

Befehl

pwd   zeigt aktuelles Verzeichnis an

3.3   Dateien und Verzeichnisse anzeigen (ls)

Die Anzeige aller Dateien und Verzeichnisse ist einer der wichtigsten Befehle und wird regelmäßig bei der Navigation durch das Dateisystem benötigt. Dieser grundlegende Befehl lautet *ls* (engl. list), wobei zahlreiche Optionen seinen Einsatz sehr flexibel gestalten, indem sie (1) das Anzeigenformat und (2) die Auswahl der betroffenen Dateien und Verzeichnisse festlegen. In der einfachen Version werden nur die Datei- und Verzeichnisnamen angezeigt. In der ausführlichen Variante (*ls –l*) werden zusätzlich auch der Dateityp, die Benutzerrechte, die Dateigröße und der Benutzer, dem die Datei gehört, angezeigt. Eine weitere beliebte Option ist *ls –a* die auch die versteckten Dateien anzeigt. Neben den Optionen können Sie durch den Gebrauch von wild cards, z. B. * und *?* auch die Auswahl der anzuzeigenden Dateien steuern.

Befehl

`ls <Optionen>  <Pfad>`   zeigt Inhalt eines Verzeichnisses an

Optionen

`ls -l`	zeigt die ausführliche, lange Version der Dateien an
`ls -a`	zeigt auch versteckte Dateien an
`ls -R`	die rekursive Ausgabe von Unterverzeichnissen
`ls -S`	Ausgabe sortiert nach Dateigröße
`ls -t`	Ausgabe sortiert nach Änderungszeit
`ls -k`	Ausgabe der Dateigröße in Kilobytes (statt Blöcken)
`ls --help`	Ausgabe aller Optionen

Beispiele

`ls`	zeigt Dateien im aktuellen Verzeichnis an
`ls -l datei*`	zeigt alle Dateien die mit dem Namen *datei* beginnen an
`ls -S`	zeigt Dateien, sortiert nach Dateigröße, an
`ls -al`	zeigt alle Dateien des aktuellen Verzeichnisses im ausführlichen Format an
`ls -aR`	zeigt alle Dateien in allen Unterverzeichnissen (rekursiv) an, beginnend beim aktuellen Verzeichnis
`ls -al` `einVerzeichnis`	zeigt alle Dateien im Verzeichnis *einVerzeichnis* im ausführlichen Format an

`ls -t`	zeigt die Dateien, sortiert nach der Änderungszeit an
`ls -kl`	zeigt die Dateien im ausführlichen Format, wobei die Dateigrößen in KiloBytes dargestellt werden

Ein- und Ausgaben auf dem Terminal[9]

```
ls

andereDatei  datei1  datei2  eineDatei  einVerzeichnis

ls -l datei*

-rw-r--r-- 1 kessel dozwi 0 21. Jun 09:56 datei1

-rw-r--r-- 1 kessel dozwi 0 21. Jun 09:56 datei2

ls -S

einVerzeichnis  eineDatei  andereDatei  datei1  datei2

ls -al

drwxr-xr-x  3 kessel dozwi 4096 21. Jun 09:59 .

drwxr-xr-x 25 kessel dozwi 4096 20. Jun 15:18 ..

-rw-r--r--  1 kessel dozwi    0 21. Jun 09:56 andereDatei

-rw-r--r--  1 kessel dozwi    0 21. Jun 09:56 datei1

-rw-r--r--  1 kessel dozwi    0 21. Jun 09:56 datei2

-rw-r--r--  1 kessel dozwi  627 21. Jun 10:03 eineDatei

drwxr-xr-x  2 kessel dozwi 4096 21. Jun 10:13 einVerzeichnis

ls —aR

.:

.  ..  andereDatei  datei1  datei2  eineDatei  einVerzeich-
nis


./einVerzeichnis:
```

---

[9]   Es sei nochmals daran erinnert, dass die Ausgaben auf dem Terminal von dem Benutzer *kessel*, der zur Gruppe *dozwi* zugehörig ist, erstellt wurden.

```
.  ..  test1  test2
```
```
ls -tl
```
```
drwxr-xr-x 2 kessel dozwi 4096 21. Jun 10:13 einVerzeichnis

-rw-r--r-- 1 kessel dozwi  627 21. Jun 10:03 eineDatei

-rw-r--r-- 1 kessel dozwi    0 21. Jun 09:56 datei2

-rw-r--r-- 1 kessel dozwi    0 21. Jun 09:56 andereDatei

-rw-r--r-- 1 kessel dozwi    0 21. Jun 09:56 datei1
```
```
ls -kl
```
```
-rw-r--r-- 1 kessel dozwi 0 21. Jun 09:56 andereDatei
-rw-r--r-- 1 kessel dozwi 0 21. Jun 09:56 datei1
-rw-r--r-- 1 kessel dozwi 0 21. Jun 09:56 datei2
-rw-r--r-- 1 kessel dozwi 1 21. Jun 10:03 eineDatei
drwxr-xr-x 2 kessel dozwi 4 21. Jun 10:13 einVerzeichnis
```

Erklärungen zu den Ausgaben
- ls: die Auflistung der Dateinamen erfolgt in aufsteigender alphabetischer Ordnung, unabhängig davon, ob es sich um eine Datei oder ein Verzeichnis handelt.
- ls –l datei*: das ausführliche Darstellungsformat der Dateien umfasst insbesondere, den Dateityp, die vollständigen Zugriffs- und Benutzerrechte (z.B. `rw-r--r--`), den Benutzernamen (z.B. `kessel`), die Benutzergruppe (z.B. `dozwi`), die Dateigröße, die Modifikationszeit und den Dateinamen.
- ls –S: bei der Sortierung nach der Dateigröße ist zu berücksichtigen, dass die Dateien bzw. die Verzeichnisse mit der höchsten Größe (in diesem Fall `einVerzeichnis` und `eineDatei`, siehe auch ls –al) zuerst kommen.
- ls –al: die Punkte .. bzw. . beziehen sich auf das übergeordnete bzw. aktuelle Verzeichnis, die Sortierung erfolgt nach den Verzeichnisnamen.
- ls –aR: das Unterverzeichnis `einVerzeichnis` enthält die Dateien `test1` und `test2`.
- ls –tl: die Sortierung nach den Modifikationzeiten erfolgt so, dass die Dateien mit den jüngsten, d. h. neusten, Änderungszeiten, zuerst kommen.
- ls –kl: die Darstellung der Dateigröße in Kilobytes (statt in Blöcken) ist für den normalen Benutzer anschaulicher und nachvollziehbarer.

Hinweise
- Die beiden wichtigsten Optionen sind –a und –l, denn sie erlauben mehr Informationen anzuzeigen. Viele weitere Optionen erlauben nur eine Änderung des Ausgabeformats, eine Sortierung nach bestimmten Kriterien (z. B. Dateigröße) oder die Unterdrückung von Informationen.
- Abhängig von der Distribution kann der Befehl *ll* implementiert sein, er ist eine Abkürzung für *ls –l*

- Der Befehl *dir* kann synonym zu *ls* verwendet werden.
- „Versteckte" Dateien sind Dateien, die mit einem Punkt beginnen, z. B. *.bash_profile* oder *.bashrc*
- In Linux werden Farben benutzt, um den Dateityp zu verdeutlichen und so z. B. Dateien von Verzeichnissen zu unterscheiden.
- Die ausführliche Darstellung stellt die folgenden Informationen dar:
  - den Dateityp
  - die Dateizugriffsrechte des Benutzers, der eigenen Benutzergruppe und der anderen Benutzer
  - die Anzahl der Verweise auf die Datei
  - den Benutzernamen
  - die zugehörige Benutzergruppe
  - die Dateigröße (in Blöcken)
  - den Zeitpunkt, an dem die Datei angelegt wurde
- Die am Anfang dargestellten Punkte, im ausführlichen Format, „." bzw. „.." stellen das aktuelle bzw. das darüber liegende Verzeichnis dar.
- Die Optionen können miteinander kombiniert werden, so können z. B. die wichtigen Optionen *–a* und *–l* zu dem Ausdruck *–al* zusammengefasst werden.
- Die Option *--help* ist – wie üblich – hilfreich um einen Überblick über alle Optionen zu gewinnen.

Fazit:

> Der *ls* Befehl ist einer der wichtigsten Anweisungen, denn er listet Dateien und Verzeichnisse nach unterschiedlichen Kritieren und dürfte zudem eines der am häufigsten benutzten Kommandos sein, insbesondere mit der Option *–a*.

3.4   Verzeichnisse wechseln (cd)

Es ist oft sinnvoll in ein anderes Verzeichnis zu wechseln, um dann die dortigen Dateien mittels relativen Pfad anzusprechen. Dies empfiehlt sich weil der relative Pfad im Regelfall deutlich kürzer ist als der absolute. Der Befehl *cd* (engl. change directory) führt diesen Verzeichniswechsel sowohl in relativer als auch in absoluter Form durch. Weiterhin gibt es die wichtigen Sonderfälle, dass nur *cd* bzw. *cd ..* ausgeführt wird. Im ersten Fall geht man zum eigenen Benutzerverzeichnis zurück, im zweiten Fall bewegt man sich in das Verzeichnis, welches über dem aktuellen Verzeichnis liegt. Der letztere Fall kann auch noch erweitert werden, indem ein „/.." hinzugefügt wird (was *cd ../..* ergibt). Es führt dazu, dass man sich in das übernächste Elternverzeichnis bewegt.

Befehle

`cd`	wechselt in das Benutzerverzeichnis
`cd ..`	wechselt in das Elternverzeichnis
`cd <Verzeichnis>`	wechselt in das angegebene Verzeichnis

Beispiele

`cd ../..`	wechselt in das übernächste, höhere Verzeichnis
`cd /home/tux`	wechselt in das Unterverzeichnis *tux*, welches im Verzeichnis *home* enthalten ist
`cd ../anderesVerzeichnis`	wechselt in das höhere Verzeichnis und von dort aus in das Verzeichnis *anderesVerzeichnis*
`cd einVerzeichnis`	wechselt ins Unterverzeichnis *einVerzeichnis*

Hinweise

- Der Befehl *cd* ist die bequemste Art wieder zurück in das eigene Benutzerverzeichnis zu kommen.
- Die typische Abwägungsfrage ist, ob es besser, d. h. schneller, ist, den absoluten oder den relativen Verzeichnispfad zu verwenden. Dies hängt wiederum nur davon ab, wie lang der jeweilige Verzeichnispfad ist.
- Die Anweisungen cd .. , cd ../.. usw. erlauben das „Aufsteigen" in die nächsthöheren Verzeichnisse, die cd <Verzeichnis> Befehle ermöglichen das „Absteigen" in die Verzeichnisse.

Fazit:

Das *cd* Kommando ermöglicht es, in ein beliebiges Verzeichnis zu wechseln. Insbesondere die Kurzform, die es erlaubt ins eigene Benutzerverzeichnis zu gehen, ist sehr nützlich.

3.5 Dateien und Verzeichnisse bewegen und umbenennen (mv)

Das Verschieben von Dateien aus einem Verzeichnis in ein anderes Verzeichnis liegt dem *mv* (engl. move) Befehl zugrunde. Eine Variante der Nutzung von *mv* besteht darin, dass er angewendet wird, um eine Datei oder ein Verzeichnis umzubenennen. Beide Varianten lassen sich miteinander kombinieren, indem die Datei umbenannt und danach in ein anderes Verzeichnis verschoben wird. Die Unterschiede zwischen den erwähnten Varianten lassen sich an den Argumenten erkennen: im ersten Fall, dem Verschieben von Dateien, wird eine Datei und das Zielverzeichnis angegeben (z. B. *mv Datei Verzeichnis*), im zweiten Fall, der Umbenennung einer Datei (bzw. eines Verzeichnisses), sind beide Argumente Dateien (bzw. Verzeichnisse) in demselben Verzeichnis (z. B. *mv eineDatei andereDatei*) und im dritten Fall, der gleichzeitigen Verschiebung und Umbenennung einer Datei, handelt es sich ebenfalls um zwei Dateien, wobei der 2. Dateiname in einem anderen Verzeichnis, dem Zielverzeichnis, liegt (z. B. *mv eineDatei Verzeichnis/andereDatei*).

Sollte die Datei im Zielverzeichnis schon existieren, so wird sie bei der Option *–f* (engl. force) ohne Rückfrage überschrieben, bei der Option *–i* (engl. interactive) wird der Benutzer gefragt, ob die Datei überschrieben werden soll. Bei der Option *–u* (engl. update) werden nur die jeweils älteren Dateiversionen überschrieben. Mit *–v* (engl. verbose) wird der Benutzer über alle Vorgänge informiert.

Befehle

`mv <Datei> <Verzeichnis>`	*Datei* wird in das *Verzeichnis* verschoben
`mv <Datei1> <Datei2>`	*Datei1* wird in *Datei2* umbenannt
`mv <Verzeichnis1> <Verzeichnis2>`	*Verzeichnis1* wird in *Verzeichnis2* umbenannt
`mv <Datei1> <Verzeichnis>/<Datei2>`	*Datei1* wird ins *Verzeichnis* verschoben und in *Datei2* umbenannt.

Optionen

`mv –f`	überschreibt die existierenden Dateien ohne Rückfrage
`mv –i`	überschreibt die existierenden Dateien nur nach Rückfrage und positiver Bestätigung durch den Benutzer
`mv –u`	überschreibt nur die älteren existierenden Dateien

`mv -v`	zeigt alle Dateioperationen an
`mv --help`	zeigt eine kurze Befehlsübersicht an

Beispiele

`mv eineDatei einVerzeichnis`	*eineDatei* wird in *einVerzeichnis* verschoben
`mv eineDatei andereDatei`	*eineDatei* wird in *andereDatei* umbenannt
`mv einVerzeichnis anderesVer-` `zeichnis`	*einVerzeichnis* wird in *anderesVerzeichnis* umbenannt
`mv eineDatei einVerzeich-` `nis/andereDatei`	*eineDatei* wird ins Verzeichnis *einVerzeichnis* verschoben und dort in *andereDatei* umbenannt
`mv datei1 datei2 einVerzeichnis`	verschiebt die Dateien *datei1* und *datei2* ins Verzeichnis *einVerzeichnis*
`mv dat* einVerzeichnis`	verschiebt alle Dateien und Verzeichnisse, die mit *dat* beginnen ins Verzeichnis *einVerzeichnis*
`mv -u dat* einVerzeichnis`	überschreibt nur die *älteren* Dateien, die mit *dat* beginnen; die anderen Dateien werden verschoben
`mv -i dat* einVerzeichnis`	überschreibt die Dateien, die mit *dat* beginnen, nur *nach* Rückfrage; die anderen Dateien werden verschoben
`mv -f dat* einVerzeichnis`	überschreibt die Dateien, die mit *dat* beginnen, *ohne* Rückfrage; die anderen Dateien werden verschoben

Ein- und Ausgaben auf dem Terminal

`mv -v eineDatei einVerzeichnis`	»*eineDatei*« -> »*einVerzeichnis/eineDatei*«
`mv -v eineDatei andereDatei`	»*eineDatei*« -> »*andereDatei*«
`mv -v einVerzeichnis anderes-` `Verzeichnis`	»*einVerzeichnis*« -> »*anderesVerzeichnis*«

mv -v eineDatei einVerzeichnis/andereDatei	»eineDatei« -> »einVerzeichnis/andereDatei«
mv -v datei1 datei2 einVerzeichnis	»datei1« -> »einVerzeichnis/datei1« »datei2« -> »einVerzeichnis/datei2«
mv -v dat* einVerzeichnis	»datei1« -> »einVerzeichnis/datei1« »datei2« -> »einVerzeichnis/datei2«
mv -uv dat* einVerzeichnis	»datei1« -> »einVerzeichnis/datei1« »datei2« -> »einVerzeichnis/datei2«
mv -iv dat* einVerzeichnis	mv: »einVerzeichnis/datei1« überschreiben? j »datei1« -> »einVerzeichnis/datei1« mv: »einVerzeichnis/datei2« überschreiben? j »datei2« -> »einVerzeichnis/datei2«
mv -fv dat* einVerzeichnis	»datei1« -> »einVerzeichnis/datei1« »datei2« -> »einVerzeichnis/datei2«

Erklärung zu den Ausgaben
- Die *mv* Befehle wurden für die Ausgabe, jeweils um die Option –v ergänzt, da die Befehle ansonsten keine eigene Ausgabe erzeugen.

Hinweise
- Die Grundregel ist, dass es sich um eine *Umbenennung* handelt, falls die beiden Parameter von demselben Typ sind. Es handelt sich also um eine Umbenennung, falls es um zwei Dateien oder Verzeichnisse geht.
- Eine *Verschiebung* liegt dann vor, falls der erste Parameter eine Datei ist und der zweite ein Verzeichnis. Dieser Standardfall kann zu einem allgemeinen Fall erweitert werden, bei dem mehrere Dateien in ein Verzeichnis bewegt werden, z. B. *mv datei1 datei2 datei3 einVerzeichnis*. Da die Auflistung zahlreicher Dateien sehr aufwändig ist, beschränkt man sich in einem solchen Fall auf die Benutzung der entsprechenden wild cards, z. B. *mv datei? einVerzeichnis*.
- Bitte beachten Sie, dass der *mv* Befehl, abhängig von der jeweiligen Implementierung, auch schon standardmäßig, ohne Rückfrage (!), die evtl. existierende Datei im Zielverzeichnis überschreiben kann. Um also sicher zu sein, dass die Dateien im Zielverzeichnis

in allen Implementierungen ohne Rückfrage überschrieben werden, ist es empfehlenswert die Option -*f* zu benutzen.

- Bei einer Vielzahl von Dateien ist es sinnvoll die *verbose* Funktion, d. h. die ausführliche Darstellung der Operationen, über die Option -*v* einzuschalten. Dies ist insbesondere für Einsteiger empfehlenswert, denn so sieht man, welche Dateien wohin bewegt werden.
- Bei einer Unsicherheit, ob die Dateien schon im Zielverzeichnis sind, empfiehlt es sich in den interaktiven Modus mittels -*i* umzuschalten, um so ggf. das Überschreiben einer einzelnen Datei zu verhindern. Der Nachteil liegt jedoch offensichtlich in der höheren Bearbeitungsdauer, im Vergleich zum „automatisierten" Vorgehen, da das Überschreiben jeder einzelnen Datei individuell genehmigt werden muss.
- Um auf eine einzelne Datei zu zugreifen, die Leerzeichen enthält, ist es notwendig, den gesamten Dateinamen in einzelne Hochkommata, d. h. ' oder " zu setzen, da ansonsten die einzelnen Wörter als Parameter eines Kommandos interpretiert werden.
- Um sich die einzelnen Optionen besser merken zu können, sollte man sich die zugehörigen englischen Ausdrücke einprägen, also: *f* (force), *i* (interactive), *u* (update), *v* (verbose).

Fazit:

> Der *mv* Befehl bewegt Dateien in ein anderes Verzeichnis. Eine interessante Variante ist das Umbenennen von Dateien in demselben Verzeichnis.

3.6   Dateien und Verzeichnisse kopieren (cp)

Im Unterschied zum *mv* Kommando, verbleibt beim *cp* Befehl (engl. copy) die Datei im Ausgangsverzeichnis und wird nur zusätzlich ins Zielverzeichnis kopiert. Falls mehrere Dateien kopiert werden sollen, gibt es zwei Alternativen: entweder die Dateien werden einzeln aufgeführt oder es gibt einen Ausdruck, mittels wild cards, der mehrere Dateien beschreibt. Es ist zu beachten, dass es bei beiden Alternativen jeweils nur ein Zielverzeichnis gibt. Eine Variante von *cp* ist die Datei in ein anderes Verzeichnis zu kopieren und dabei gleichzeitig umzubenennen. In diesem Fall kann als Ein- bzw. Ausgabeparameter nur jeweils eine Datei angegeben werden.

Eine interessante Option ist das rekursive Kopieren, dargestellt durch -*r*, das alle Unterverzeichnisse inklusive der Dateien kopiert.

Befehle

`cp <Datei1> <Verzeichnis>`	*Datei1* wird ins *Verzeichnis* kopiert
`cp <Datei1> <Datei2> <Verzeichnis>`	*Datei1*, *Datei2* werden ins *Verzeichnis* kopiert

cp <Datei1> <Verzeichnis>/<Datei2>	*Datei1* wird ins *Verzeichnis* kopiert und dann zu *Datei2* umbenannt

Optionen

cp −r	Unterverzeichnisse werden ebenfalls kopiert
cp −f	überschreibt die existierenden Dateien ohne Rückfrage
cp −i	überschreibt die existierenden Dateien nur nach Rückfrage
cp −u	überschreibt die existierenden Dateien nur falls diese älter sind
cp −v	listet alle ausgeführten Dateioperationen auf
cp --help	zeigt eine kurze Befehlsübersicht an

Beispiele

cp eineDatei einVerzeichnis	kopiert *eineDatei* ins Verzeichnis *einVerzeichnis*, beschrieben durch den relativen Pfad
cp eineDatei einVerzeichnis/andereDatei	kopiert *eineDatei* nach *einVerzeichnis* und benennt es dort in *andereDatei* um
cp Datei? einVerzeichnis	kopiert alle Dateien mit dem Beginn namens *Datei* nach *einVerzeichnis*
cp Datei[1-5] einVerzeichnis	kopiert die Dateien *Datei1*, *Datei2*, *Datei3*, *Datei4*, *Datei5* nach *einVerzeichnis*
cp Datei1 Datei2 Datei3 Datei4 einVerzeichnis	kopiert die Dateien *Datei1 Datei2 Datei3 Datei4* in *einVerzeichnis*
cp Datei* /home/tux/einVerzeichnis	kopiert alle Dateien mit dem Beginn *Datei* nach *einVerzeichnis*, beschrieben durch den absoluten Pfad */home/tux/einVerzeichnis*
cp −i eineDatei einVerzeichnis	kopiert nach Rückfrage *eineDatei* in *einVerzeichnis*

`cp -f eineDatei` `/home/tux/einVerzeichnis`	kopiert *eineDatei* ohne Rückfrage in *einVerzeichnis*, beschrieben durch den absoluten Pfad */home/tux/einVerzeichnis*
`cp -r Verzeichnis*` `/home/tux/einVerzeichnis`	kopiert rekursiv alle Verzeichnisse die mit dem Namen *Verzeichnis* beginnen in das Verzeichnis *einVerzeichnis*, beschrieben durch den absoluten Pfad *home/tux/einVerzeichnis*

Ein- und Ausgaben auf dem Terminal

`cp -v eineDatei einVerzeichnis`	`»eineDatei« ->` `»einVerzeichnis/eineDatei«`
`cp -v eineDatei einVerzeich-` `nis/andereDatei`	`»eineDatei« ->` `»einVerzeichnis/andereDatei«`

`cp Datei? Verzeichnis`	`»Datei1« ->`
	`»einVerzeichnis/Datei1«`
	`»Datei2« ->`
	`»einVerzeichnis/Datei2«`
	`»Datei3« ->`
	`»einVerzeichnis/Datei3«`

`cp Datei[1-5] Verzeichnis`	`»Datei1« ->`
	`»einVerzeichnis/Datei1«`
	`»Datei2« ->`
	`»einVerzeichnis/Datei2«`
	`»Datei3« ->`
	`»einVerzeichnis/Datei3«`
	`»Datei4« ->`
	`»einVerzeichnis/Datei4«`
	`»Datei5« ->`
	`»einVerzeichnis/Datei5«`

`cp -i Datei Verzeichnis`	kopiert *Datei* ins *Verzeichnis*
`cp -f Datei` `/home/tux/einVerzeichnis`	kopiert *Datei* ohne Rückfrage in *einVerzeichnis*, beschrieben durch den absoluten Pfad */home/tux/einVerzeichnis*
`cp -r Verzeichnis*` `/home/tux/einVerzeichnis`	kopiert rekursiv alle Verzeichnisse die mit dem Namen *Verzeichnis* beginnen in das Verzeichnis *einVerzeichnis*, beschrieben durch den absoluten Pfad *home/tux/einVerzeichnis*

Erklärung zu den Ausgaben

• Die *cp* Befehle wurden für die Ausgabe, jeweils um die Option −*v* ergänzt, da die Befehle ansonsten keine eigene Ausgabe erzeugen.

Hinweise

• Das Kopieren von Verzeichnissen erfordert den Gebrauch der Option -*r*, d. h. ein rekursives Kopieren, welches sich auf alle (!) Unterverzeichnisse und ggf. Dateien bezieht und auch nicht in seiner Rekursionstiefe eingeschränkt werden kann.

• Obwohl die Befehle *cp* und *mv* sehr ähnlich sind und weitgehend dieselben Optionen haben, so bleibt doch festzuhalten, dass es keine entsprechende -*r* Option bei *mv* gibt.

• Um sich die einzelnen Optionen besser merken zu können, sollte man sich die zugehörigen englischen Ausdrücke einprägen, also: *f* (force), *i* (interactive), *u* (update), *r* (recursive), *v* (verbose).

Fazit:

Die *cp* Anweisung kopiert Dateien in ein Verzeichnis; dabei können die Dateien durch wild cards ausgewählt und die Kopierkriterien können durch Optionen gesteuert werden.

3.7 Dateien und Verzeichnisse erzeugen (touch, mkdir)

Der *touch* Befehl aktualisiert normalerweise die Eigenschaften Zugriffs- und Modifikationszeit einer Datei auf den Zeitpunkt der Durchführung, d. h. bei Ausführung von *touch* auf eine Datei werden nur die Zeitinformationen aktualisiert. Falls eine Datei aber nicht existiert, dann wird eine leere Datei dieses Namens erzeugt.

Mit dem Befehl *mkdir* (engl. make directory) wird ein Verzeichnis erzeugt, was voraussetzt, dass dieses Verzeichnis noch nicht existiert und man in dem entsprechenden Verzeichnis über die dafür notwendigen Benutzerrechte verfügt. Mit der Option -*p* werden alle Verzeichnisse auf dem angegebenen Pfad erzeugt und bei -*v* werden alle generierten Verzeichnisse angezeigt.

Befehl

```
touch <Datei>
```
                                      Datei wird erzeugt, falls noch nicht existent

Optionen

touch -a	aktualisiert nur die Zugriffszeit
touch -m	aktualisiert nur die Modifikationszeit
touch -c	erzeugt keine Datei, falls die Datei noch nicht existiert

Beispiel

touch eineDatei andereDatei	erzeugt leere Dateien *eineDatei* und *andereDatei*
touch -c eineDatei	aktualisiert die Zeitinformationen von *eineDatei* und erzeugt keine Datei diesen Namens, falls sie noch nicht existiert

Hinweis

• Wenn mehrere Dateien als Argumente für *touch* angegeben werden, dann können auch mehrere Dateien erzeugt werden.

Befehl

```
mkdir <Verzeichnis>        Verzeichnis wird erzeugt
```

Optionen

mkdir -p	erzeugt zu einem Pfad auch die Verzeichnisse
mkdir -v	dokumentiert alle erzeugten Verzeichnisse
mkdir --help	zeigt eine kurze Befehlsübersicht an

Beispiele

mkdir einVerzeichnis	erzeugt Verzeichnis namens *einVerzeichnis*
mkdir -p Verzeichnis1/Verzeichnis2	erzeugt *Verzeichnis2* als Unterverzeichnis von *Verzeichnis1*, d. h. es erzeugt den Pfad *Verzeichnis1/ Verzeichnis2*

mkdir −v anderesVerzeichnis	dokumentiert das erzeugte Verzeichnis *anderesVerzeichnis*
mkdir Verzeichnis1 Verzeichnis2	erzeugt die Verzeichnisse *Verzeichnis1* und *Verzeichnis2*

Ein- und Ausgaben auf dem Terminal

mkdir −v einVerzeichnis	mkdir: Verzeichnis »ein-Verzeichnis« angelegt
mkdir −pv Verzeichnis1/Verzeichnis2	mkdir: Verzeichnis »Verzeichnis1« angelegt mkdir: Verzeichnis »Verzeichnis1/Verzeichnis2« angelegt

Erklärung zu den Ausgaben
- Die *mkdir* Befehle wurden für die Ausgabe, jeweils um die Option *−v* ergänzt, da die Befehle ansonsten keine eigene Ausgabe erzeugen.

Hinweise
- Bei *mkdir* können ebenfalls gleichzeitig mehrere Verzeichnisse erzeugt werden, z. B. *mkdir Verzeichnis1 Verzeichnis2 Verzeichnis3* , die jeweils mindestens durch ein Leerzeichen voneinander getrennt werden müssen.
- Es soll daran erinnert werden, dass für die benötigten Befehle auch die entsprechenden Benutzerrechte zum Schreiben von Dateien vorhanden sein müssen.
- Die Optionen der Befehle *mkdir* und *rmdir* entsprechen sich weitgehend.
- Beim Befehl *mkdir -p Verzeichnis1/Verzeichnis2/Verzeichnis3* wird nicht nur *Verzeichnis3*, sondern es werden auch alle anderen Verzeichnisse, die auf dem Pfad liegen, aber noch nicht existieren, erzeugt. In diesem Fall also *Verzeichnis1* und *Verzeichnis2*. Mit dieser Option lassen sich also komfortabel die „Verschachtelung" von Verzeichnissen generieren.
- Um sich die einzelnen Optionen besser merken zu können, sollte man sich die zugehörigen englischen Ausdrücke einprägen, also: *p* (path), *v* (verbose).

Fazit:

Die *touch* Anweisung aktualisiert normalerweise die Eigenschaften Zugriffs- und Modifikationszeit einer Datei auf den Zeitpunkt der Durchführung. Hier wird sie vor allem für die Erzeugung leerer Dateien verwendet. Der *mkdir* Befehl erzeugt ein neues Verzeichnis, wobei insbesondere die automatische Erzeugung der auf dem Pfad liegenden Verzeichnisse in der Praxis sehr nützlich ist.

3.8   Dateien und Verzeichnisse löschen (rm, rmdir)

Die Löschung der Datei erfolgt durch das *rm* (engl. remove) Kommando. Die Optionen sind dabei vergleichbar mit denen beim Bewegen bzw. Kopieren von Dateien und Verzeichnissen: *-f* (engl. force), *-i* (engl. interactive), *-r* (engl. recursive), *-v* (engl. verbose). Mit *-f* werden nichtexistente Dateien ignoriert, mit *-i* wird vor jeder Lösung beim Benutzer nachgefragt, mit *-r* werden auch alle Unterverzeichnisse gelöscht und mit *-v* werden alle durchgeführten Aktionen dokumentiert.

Mit *rmdir* (engl. remove directory) werden Verzeichnisse gelöscht, vorausgesetzt, (1) man befindet sich nicht im Verzeichnis, (2) das Verzeichnis ist leer und (3) man verfügt über die notwendigen Benutzerrechte. Die Optionen sind analog zu denen von *mkdir*, d. h. mittels *-p* werden alle Verzeichnisse auf dem angegebenen Pfad erzeugt und bei *-v* werden alle generierten Verzeichnisse angezeigt.

Befehl

rm <Datei>	Datei wird gelöscht

Optionen

rm -f	löscht Dateien, ignoriert dabei Warnungen
rm —i	löscht Dateien nur nach Rückfrage
rm —r	löscht rekursiv die Unterverzeichnisse
rm —v	dokumentiert alle Löschoperationen
rm --help	zeigt eine kurze Befehlsübersicht an

Beispiele

rm eineDatei andereDatei	löscht die Dateien *eineDatei* und *andereDatei*
rm —f eineDatei*	löscht Dateien deren Namen mit *eineDatei* beginnt und ignoriert Warnungen
rm —i andereDatei	löscht *eineDatei* nach Rückfrage
rm —rfv Datei*	löscht rekursiv Dateien deren Namen mit *Datei* beginnen, ignoriert Fehlermeldungen und dokumentiert alle Operationen
rm —v *Datei?	löscht Dateien deren Namen mit *Datei* beginnt und einem beliebigen Zeichen endet und dokumentiert alle Operationen

Ein- und Ausgaben auf dem Terminal

`rm -v eineDatei andereDatei`	`»eineDatei« entfernt`
	`»andereDatei« entfernt`
`rm -f -v eineDatei*`	`»eineDatei« entfernt`

Erklärung zu den Ausgaben
*   Die *rm* Befehle wurden für die Ausgabe, jeweils um die Option –v ergänzt, da die Befehle ansonsten keine eigene Ausgabe erzeugen.

Hinweise
*   Mit dem Befehl *rm* können auch mehrere Dateien gelöscht werden, z. B. *rm datei1 datei2* oder über wild cards, z. B. *rm datei** oder *rm datei?* .
*   Es soll daran erinnert werden, dass auch die entsprechenden Benutzerrechte zum Löschen von Dateien vorhanden sein müssen.
*   Falls eine nicht existente Datei gelöscht werden soll, ignoriert *rm -f* auch alle entsprechenden Fehlermeldungen und Warnungen.
*   Es ist explizit vor dem Gebrauch von *rm -rf * * zu warnen, denn es löscht (rekursiv) alle Dateien und Unterverzeichnisse und ignoriert dabei Warnungen jeglicher Art.
*   Die Optionen *rm -f* und *rm -i* können nicht miteinander kombiniert werden, da *-f* Fehlermeldungen ignoriert und den interaktiven Modus (*-i*) faktisch überschreibt.
*   Der Gebrauch des rekursiven Löschmodus ist nur dann sinnvoll, wenn er auf Verzeichnisse angewendet, da nur diese wiederum Verzeichnisse usw. enthalten können.
*   Synonyme Optionen von *-r* sind ebenfalls *-R* und *-recursive*.
*   Um sich die einzelnen Optionen besser merken zu können, sollte man sich die zugehörigen englischen Ausdrücke einprägen, also: *f* (force), *i* (interactive), *r* (recursive), *v* (verbose).

Befehl

`rmdir <Verzeichnis>`   Verzeichnis wird gelöscht

Optionen

`rmdir -p`	löscht alle leeren Verzeichnisse des Pfads
`rmdir -v`	dokumentiert alle gelöschten Verzeichnisse
`rmdir --help`	zeigt eine kurze Befehlsübersicht an

Beispiele

`rmdir *Verzeichnis*`	löscht alle Verzeichnisse, die das Wort *Verzeichnis* enthalten
`rmdir -p Verzeichnis1/Verzeichnis2`	löscht die Verzeichnisse *Verzeichnis1* und *Verzeichnis2*
`rmdir -v Verzeichnis*`	löscht alle Verzeichnisse, die mit dem Wort *Verzeichnis* beginnen und dokumentiert alle Löschvorgänge

Ein- und Ausgaben auf dem Terminal

`rmdir -v einVerzeichnis`	`rmdir: Verzeichnis wird entfernt, einVerzeichnis`
`rmdir -pv Verzeichnis1/Verzeichnis2`	`rmdir: Verzeichnis wird entfernt, Verzeich-nis1/Verzeichnis2` `rmdir: Verzeichnis wird entfernt, Verzeichnis1`

Erklärung zu den Ausgaben
- Die *rmdir* Befehle wurden für die Ausgabe, jeweils um die Option *-v* ergänzt, da die Befehle ansonsten keine eigene Ausgabe erzeugen.

Hinweis
- Analog zu *mkdir -p* werden bei *rmdir -p* ebenfalls alle leeren Verzeichnisse auf dem Pfad gelöscht. Dies bedeutet bei *rkdir -p Verzeichnis1/Verzeichnis2/Verzeichnis3*, dass neben Verzeichnis3 auch Verzeichnis2 und Verzeichnis1 gelöscht werden, sofern sie leer sind.
- Es sei nochmals an die alternative Löschung von Verzeichnissen durch *rm -r* erinnert, die auch nicht-leere (!) Verzeichnisse löscht. Im Unterschied zum *rmdir* erfolgt die Löschung dabei im Regelfall nicht entlang eines Pfads wie bei *rmdir -p*, sondern in allen (!) Unterverzeichnissen, es ist also einerseits viel mächtiger, aber andererseits auch breiter angelegt.
- Die normale Vorgehensweise ist zuerst die Verzeichnisinhalte zu löschen und erst danach die entsprechenden Verzeichnisse zu entfernen. Der effizienteste Ansatz ist natürlich, dort wo möglich, die rekursive Löschung anzusetzen.
- Um sich die einzelnen Optionen besser merken zu können, sollte man sich die zugehörigen englischen Ausdrücke einprägen, also: *p* (path), *v* (verbose).

Fazit:

Die Anweisungen *rm* und *rmdir* sind die Pendants zu *touch* und *rmdir*, d. h. sie erlauben es Dateien bzw. Verzeichnisse zu löschen. Das rekursive Löschen von Dateien und Verzeichnissen sollte allerdings nur sehr vorsichtig eingesetzt werden.

3.9 Zugriffsrechte der Dateien u. Verzeichnisse setzen (chmod, chown, chgrp, umask)

Die Vergabe der Zugriffsrechte auf Dateien und Verzeichnisse ist eine der wichtigsten Funktionen in einem Mehrbenutzersystem, denn es entscheidet, wer welchen Zugriff auf die einzelnen Dateien und Verzeichnisse erhält. Aus diesem Grunde ist *chmod* (engl. change mode) sowohl für Dateien als auch für Verzeichnisse relevant.

Der *ls* Befehl mit der Option *–l* listet, die vollständigen Zugriffsrechte einer Datei auf, in diesem Fall z.B. *rw-r-xr- -* für *eineDatei*. Die ersten drei Zeichen *rw-* bilden die Benutzerzugriffsrechte, die folgenden Zeichen *r-x* sind die Gruppenzugriffsrechte und die letzten Zeichen *r--* sind die Zugriffsrechte aller anderen Benutzer.

Man unterscheidet hier also drei Kategorien von Rechteinhabern: (1) den Benutzer (engl. user, u), zu dem die Datei oder das Verzeichnis gehört, (2) der Gruppe (engl. group, g), zu der auch der Benutzer gehört, und (3) alle anderen Benutzer (engl. others, o) im System, d. h. all diejenigen, die nicht zur Gruppe gehören.

Es gibt drei Arten von Berechtigungen: (1) die Lese- (r), (2) die Schreib- (w) und (3) die Ausführungsberechtigung (x). Im obigen Beispiel der Benutzerrechte, z. B. *rw-*, bedeutet dies, dass der Benutzer die Datei schreiben und lesen, aber nicht ausführen kann. Bei den Gruppenrechten, z. B. *r-x*, kann die Datei gelesen und ausgeführt, aber nicht geschrieben werden. Alle anderen Benutzer außerhalb der Gruppe haben nur Leserechte bei *r--*.

Um diese Berechtigungen zu vergeben bzw. zu ändern gibt es zwei verschiedene Ansätze: (1) die symbolische Beschreibung und (2) die Oktalzahl.

Die symbolische Beschreibung ist eine Sequenz von zusammengesetzten Ausdrücken, wobei jeder Ausdruck wiederum aus den drei Elementen Rechteinhaber, Operation und Berechtigung besteht. Dies bedeutet, dass ein Ausdruck aus jeweils einem der folgenden Elemente besteht: {u,g,o}, {+,-}, {r,w,x}, wobei aus der letzten Menge auch mehrere Elemente verwendet werden können. Anbei folgen einige konkrete Beispiele, die helfen, die entsprechenden Ausdrücke zu verstehen:

g+rw   die Gruppenmitglieder (g) erhalten (+) Lese- und Schreibrechte (wr)

g-rw   den Gruppenmitglieder (g) werden Lese- und Schreibrechte (wr) entzogen (-)

o+x   die anderen Benutzer (o), außerhalb der eigenen Benutzergruppe, erhalten (+) Ausführungsrechte (x)

o-w   den anderen Benutzern (o) werden die Schreibrechte (w) entzogen (-)

Die dreistellige Oktalzahl setzt sich aus drei Oktalziffern zusammen, welche jeweils die 3 Benutzerkategorien repräsentieren: Benutzer, Benutzergruppe, andere Benutzer. Bei jeder einzelnen Oktalziffer geht (1) das Leserecht, (2) das Schreibrecht und (3) das Ausführungsrecht jeweils mit den Werten 4, 2 bzw. 1 ein. Eine Oktalziffer, die z. B. ausdrückt, dass sowohl Leserecht (Wert: 4) als auch Schreibrecht (Wert: 2) gewährleistet wird, berechnet sich entsprechend als Summe von 4+2=6. Würde man noch das Ausführungsrecht gewähren, wäre die entsprechende Oktalzahl 7, da 4+2+1=7. Eine gegebene dreistellige Oktalzahl lässt sich auch einfach analysieren, denn sie muss nur in ihre einzelnen Summanden zerlegt werden. Sei z. B. 764 die dreistellige Oktalzahl für die Zugiffsberechtigungen eine Datei, dann steht die erste Oktalziffer 7 für den Benutzer, die zweite Oktalziffer 6 für die Benutzergruppe und die dritte Oktalziffer 4 für die anderen Benutzer, außerhalb der eigenen Benutzergruppe. Jede dieser drei Oktalziffern muss wiederum in seine Summanden (bestehend aus Zweierpotenzen) zerlegt werden. Dies bedeutet 7 wird in die Summanden 4, 2 und 1 aufgeteilt, 6 in die die Summanden 4 und 2, und 4 ist schon ein elementarer Summand. Im ersten Fall bedeutet dies, dass der Benutzer die Lese- (4), die Schreib- (2) und die Ausführungsrechte (1) hat, im zweiten Fall hat die Benutzergruppe nur die Lese- (4) und die Schreibrechte (2), und im dritten Fall haben alle anderen Benutzer nur die Ausführungsrechte (1).

Der Befehl *chown* erlaubt es eine Datei einen Benutzer zu zuordnen und das Kommando *chgrp* weist eine Datei einer Benutzergruppe zu. Das Kommando *umask* legt die Zugriffsrechte in Form einer vierstelligen Oktalzahl für alle neu erzeugten Dateien fest. Dies geschieht indem diese Oktalzahl invertiert und dann logisch mit 0666 bei Dateien bzw. 0777 bei Verzeichnissen verknüpft wird. Oder anders formuliert: man legt damit die „Zugriffsrechte-Bits" fest, die (standardmäßig) nicht verfügbar sind.

Befehle

chmod <symbolischer Ausdruck> <Datei>	weist *Datei* Zugriffsrechte in Form eines symbolischen Ausdrucks zu
chmod <dreistellige Oktalzahl> <Datei>	weist *Datei* Zugriffsrechte in Form einer dreifachen Oktalzahl zu

Optionen

chmod −R	ändert die Zugriffsrechte rekursiv in Verzeichnissen
chmod -v	zeigt die Befehlsdurchführung an

chmod --help	zeigt eine kurze Befehlsübersicht an

Beispiele

chmod g+r,o+r eineDatei	die *Benutzergruppe* (g) und die *anderen Benutzer* (o) erhalten Leserechte für die Datei *eineDatei*
chmod u+rw eine-Datei	der *Benutzer* (u) erhält Lese- und Schreibrechte für *eineDatei*
chmod g-wrx *Datei	der *Benutzergruppe* (g) werden alle Zugriffsrechte für Dateien deren Namen mit *Datei* enden entzogen
chmod -R g+r Datei?	die *Benutzergruppe* (g) erhält für alle Dateien deren Namen mit *Datei* beginnt und ein weiteres, beliebiges Zeichen enthält und die sich in dem aktuellen Verzeichnis oder in dessen Unterverzeichnissen befinden, die Lese-Zugriffsrechte

Ein- und Ausgaben auf dem Terminal

chmod -v g+r,o+r eineDatei	Modus von »eineDatei« als 0644 (rw-r--r--) erhalten
chmod -v u+rw eineDatei	Modus von »eineDatei« als 0644 (rw-r--r--) erhalten
chmod -R g+r *Datei	Modus von »Datei1« als 0644 (rw-r--r--) erhalten Modus von »datei2« als 0644 (rw-r--r--) erhalten Modus von »Datei2« als 0644 (rw-r--r--) erhalten Modus von »Datei3« als 0644 (rw-r--r--) erhalten Modus von »Datei4« als 0644 (rw-r--r--) erhalten Modus von »Datei5« als 0644 (rw-r--r--) erhalten

Erklärung zu den Ausgaben
- Die *chmod* Befehle wurden für die Ausgabe, jeweils um die Option -v ergänzt, da die Befehle ansonsten keine eigene Ausgabe erzeugen.

Hinweise
- Alle Befehle können auf mehrere Dateien angewendet werden.
- Das Schreibrecht für Dateien schließt das Löschen von Dateien ein.

- Die Option -*R* ist dann sinnvoll, wenn man das Kommando rekursiv auf alle Unterverzeichnisse anwenden möchte, d. h. die Zugriffsrechte auf alle oder ausgewählte Dateien in den Unterverzeichnissen festlegen möchte.
- Der wichtigste Befehl ist *chmod*, denn es ist für jeden Benutzer wichtig die Zugriffsrechte für alle Dateien und Verzeichnisse bei Bedarf individuell zu definieren.

Befehl

`chown <Benutzername> <Datei>`   weist Datei anderen Benutzer zu

Optionen

`chown −R`	ändert die Benutzerzuordnung rekursiv in Verzeichnissen
`chown --help`	zeigt eine kurze Befehlsübersicht an

Beispiel

`chown BenutzerA eineDatei`	dem *BenutzerA* wird die Datei *eineDatei* zugeordnet
`chown −R BenutzerA datei*`	dem *BenutzerA* werden alle Dateien, die mit dem Namen *datei* beginnen und die sich in diesem Verzeichnis oder in seinen Unterverzeichnissen befinden, zugeordnet

Hinweise
- Der Wechsel der Zugehörigkeit einer Datei zu einem anderen Benutzer bedeutet, dass dieser Benutzer die volle Zugriffskontrolle über die Datei hat.
- Die Befehle *chown* und *chgrp* sind nur für Systemadministratoren möglich, denn nur Systemadministratoren können die Zugehörigkeiten von Verzeichnissen und Dateien zu einem anderen Benutzer oder einer anderen Benutzergruppe verändern.
- Die (rekursive) Option -*R* ist besonders hilfreich, denn im Regelfall betrifft der Wechsel der Zugehörigkeiten nicht nur eine Datei, sondern ein ganzes Verzeichnis, inklusive der Unterverzeichnisse.

Befehl

`chgrp <Benutzergruppe> <Datei>`	weist der *Datei* die *Benutzergruppe* zu

Option

chgrp —R	ändert die Benutzergruppenzuordnung rekursiv in Verzeichnissen
chgrp --help	zeigt eine kurze Befehlsübersicht an

Beispiele

chgrp GruppeB eineDatei	der Benutzergruppe *GruppeB* wird die Datei *eineDatei* zugeordnet

Befehl

umask <4stellige Oktalzahl>	definiert die Standard Zugriffsrechte für Dateien in Form einer 4-stelligen Oktalzahl

Option

umask —S	zeigt die aktuellen Standard Zugriffsrechte symbolisch an

Beispiele

umask 0002	bedeutet 664 für Dateien bzw. 775 für Verzeichnisse
umask 0022	bedeutet 644 für Dateien bzw. 755 für Verzeichnisse
umask 0222	bedeutet 444 für Dateien bzw. 555 für Verzeichniss

Ein- und Ausgaben auf dem Terminal

umask	0002
umask -S	u=rwx,g=rwx,o=rx

Hinweis
*   Die Eingabe des *umask* Befehls, ohne Optionen, führt zu einer Ausgabe der Standard-Zugriffsrechte in oktaler Form.

Fazit:

Alle Instruktionen in diesem Abschnitt erlauben das Setzen der Zugriffsrechte von Dateien und Verzeichnissen auf jeweils unterschiedlichen Ebenen und Arten. Der Befehl *chmod* ist hierbei der wichtigste, denn er erlaubt eine sehr genaue und einfache Festlegung der Zugriffsrechte.

3.10   Übungen

Verzeichnisstrukturen

1. Wie gelangt man vom aktuellen Verzeichnis in das Elternverzeichnis? Und von dort wieder zurück?
2. Kann es mehrere Elternverzeichnisse geben?
3. Sind die Pfade eindeutig?
4. Gibt es nur eine höchste Verzeichnisebene?
5. Wie bezeichnet man eine solche Verzeichnisstruktur, wie die des Dateisystems, in der Informatik?

Absoluter und relativer Pfad

6. Was ist ein Pfad?
7. Was ist ein absoluter und ein relativer Pfad? Geben Sie jeweils ein Beispiel an.
8. Woran kann man einen absoluten bzw. relativen Pfad erkennen?
9. Was ist der Vorteil des relativen bzw. absoluten Pfad?
10. Was ist beim relativen Pfad immer zu beachten (im Gegensatz zum absoluten)?
11. Sie sind im Verzeichnis */home/user/tux*, es gibt ein Unterverzeichnis uebung. Schreiben Sie den absoluten und relativen Pfad für die folgenden Verzeichnisse auf:
    * uebung
    * user
    * home
12. Sind die folgenden Pfade absolut oder relativ?
    * */Verzeichnis*
    * *Verzeichnis/Datei1*
    * */home/VerzeichnisBenutzer*
    * *tmp*
    * *./..*

Wild cards

13. In einem Verzeichnis befinden sich die folgenden Dateien:
    * eineDatei, andereDatei
    * Datei1, .., Datei9
    * DateiA, .., DateiG

Berechnen Sie für die folgenden Ausdrücke, welche Dateien dadurch beschrieben werden:

- Datei?
- ei*Datei
- *
- *Datei
- *Datei?
- Datei[1..5]
- Datei[A..D]

14. Ist der Ausdruck ** sinnvoll?
15. Welche der folgenden Ausdrücke sind äquivalent?
    - *
    - *?
    - ***
    - *[A..Z]
    - [A..Z]
    - ?
    - ??
    - ???

Pfade
16. Wie können beim Pfad Datei bzw. Verzeichnis erkannt werden?
17. Lassen sich zwei Pfade miteinander kombinieren, z. B. ein absoluter mit einem relativen? Was sind die entsprechenden Voraussetzungen?
18. Lässt sich ein relativer Pfad in einen absoluten umwandeln? Und umgekehrt? Was sind die Randbedingungen?
19. Was bedeutet das Zeichen „/"?

Auswahl von Dateien
20. Wie lassen sich drei beliebige Zeichen darstellen?
21. Was muss man bei der expliziten Einschränkung des Wertebereichs beachten?
22. Was ist mit „Sonderzeichen"? Wie kann man diese Problematik umgehen?

Verzeichnisse
23. Was bewirkt der Befehl *ls*?
24. Wie sieht die Ausgabe von *ls* aus?
25. Was ergeben die folgenden Ausdrücke (bei der Ausgangssituation beschrieben in Aufgabe 13)?
    - ls Datei*
    - ls Datei?
    - ls Datei1..3
26. Erstellen Sie Ausdrücke, die ...
    - alle Dateien
    - Dateien, namens *Datei5*, *Datei6* und *Datei7*

- alle Dateien, die auf *.txt* enden
- alle Dateien, die mit *D* beginnen

Dateien und Verzeichnisse anzeigen
Voraussetzungen: keine

27. Ermitteln Sie das aktuelle (Arbeits-)Verzeichnis.
28. Wie lautet der Pfad für das eigene Benutzerverzeichnis (sog. Home-Verzeichnis)?
29. Wie gelangen Sie immer zum eigenen Benutzerverzeichnis zurück? Welche prinzipiellen Möglichkeiten gibt es dafür?
30. Welche Verzeichnisse haben Sie im eigenen Benutzerverzeichnis?
31. Listen Sie die Dateien in den folgenden Verzeichnissen mittels verschiedener Optionen auf (alle Dateien, langes Dateiformat, usw.).
    - eigenes Benutzerverzeichnis
    - aktuelles Arbeitsverzeichnis
    - */etc*
    - */tmp*
32. Wie können Sie, von Ihrem aktuellen Verzeichnis aus, das Inhaltsverzeichnis von */*, */etc*, oder */tmp* auflisten, ohne sich in das jeweilige Verzeichnis zu bewegen?
33. Was passiert beim Versuch auf */root* zuzugreifen?
34. Erarbeiten Sie eine Übersicht der Unterverzeichnisse, ausgehend von */*.
35. Bewegen Sie sich im Dateisystem unter Benutzung des *cd* Kommandos mittels relativen bzw. absoluten Pfaden. In welchen Verzeichnissen gibt es Probleme? Warum?
36. Wie können Sie eine Auswahl bei der Listung der Dateien vornehmen? Z. B. alle Dateien, die in */etc* sind und mit dem Buchstaben *p* beginnen? Welches könnten weitere sinnvolle Auswahlkriterien sein?
37. Was sind, Ihrer Meinung nach, sinnvolle Optionen, die Sie häufig einsetzen?
38. Was bedeuten die folgenden Kommandos? (1) *ls –am* (2) *ls –ar* (3) *ls –R*
39. Was zeigen die folgenden Kommandos an? (1) *ls –al* (2) *ls /etc/** (3) *ls /etc* (4) *ls –a /etc/*.conf* (5) *ls –a *.**

Anzeige von Dateien und Verzeichnissen
40. Was fällt auf, falls man ein Verzeichnis anzeigt, in dem sich wiederum Unterverzeichnisse befinden?
41. Wie ist die Ausgabe normalerweise sortiert? Wie kann man dies ändern?
42. Welche Dateien werden normalerweise nicht angezeigt?
43. Wie kann man die Zugriffsrechte bei Dateien und Verzeichnissen erkennen?
44. Wie wird die Größe der Dateien angezeigt?

Verzeichnisse wechseln
Voraussetzungen: Legen Sie in Ihrem eigenem Benutzerverzeichnis das Verzeichnis *uebung* an.[10]

---

[10] Das Verzeichnis *uebung* wird durch das Kommando *mkdir uebung* erzeugt.

45. Wechseln Sie in Ihr eigenes Benutzerverzeichnis.
46. Wechseln Sie mittels eines relativen Pfades in das Verzeichnis *uebung*.
47. Wechseln Sie wieder zurück in das Benutzerverzeichnis. Welche verschiedenen Möglichkeiten existieren dafür?
48. Wie können Sie in das nächsthöhere (Eltern-)Verzeichnis wechseln? Wie können Sie, von dort aus, in ein anderes Verzeichnis wechseln? Ist dies in einem Durchgang möglich? Falls ja, wie?
49. Was bedeuten die folgenden Kommandos? (1) *cd ..* (2) *cd ../..* (3) *cd* (4) *cd ../uebung1*

Grenzen für den Wechsel von Verzeichnissen
50. Wie können Sie in ein anderes Verzeichnis wechseln ohne den aktuellen Aufenthaltsort zu kennen?
51. Was kann beim Wechseln in ein anderes Verzeichnis passieren?
52. Angenommen der Benutzer weiß nichts über die angelegte Verzeichnisstruktur des Dateisystems, d. h. er kennt weder die einzelnen Verzeichnisnamen noch das aktuellen Verzeichnis. Zu welchen Verzeichnissen kann er trotzdem gelangen und wie kann er dies erreichen?
53. Wie gelangt man in das nächsthöhere Verzeichnis?
54. Woran kann man die Verzeichnisse erkennen?

Dateien erzeugen
Voraussetzungen: keine

55. Was ist die eigentliche Aufgabe des *touch* Befehls?
56. Erzeugen Sie mittels *touch* mehrere Dateien in einem Kommando. Wie sehen die Dateien aus? Was wären die Alternativen?
57. Was bewirkt das *touch* Kommando bei einer existierenden Datei?
58. Was ist die besondere Eigenschaft der durch *touch* erzeugten Dateien?

Dateien bewegen und umbenennen
Voraussetzungen: Die Verzeichnisse *uebung1* und *uebung2* sind Unterverzeichnisse des Verzeichnisses *uebung*. Sie befinden sich jetzt im Verzeichnis *uebung*, welches das aktuelle Verzeichnis ist. Erzeugen Sie die Dateien *Datei1, Datei2, Datei3* im Verzeichnis *uebung*.[11]

59. Benennen Sie *Datei1* in *andereDatei* um. Wie ist vorzugehen, falls mehrere Dateien umzubenennen sind?
60. Verschieben Sie die Dateien *Datei2 Datei3* in das Verzeichnis *uebung1*.
61. Bewegen Sie die Dateien *Datei2* und *Datei3* nun aus dem Verzeichnis *uebung1* in das Verzeichnis *uebung2*. Welche Alternativen gibt es?
62. Bewegen Sie nun ebenfalls *andereDatei* nach *uebung2* und benennen Sie sie dort in *Datei1* um.

---

[11] Dies erfolgt mittels des Kommandos: *touch Datei1 Datei2 Datei3*

63. Erzeugen Sie (nochmals) die Dateien *Datei1, Datei2, Datei3* im Verzeichnis *uebung1*. Was ist zu beachten, falls diese drei Dateien ins Verzeichnis *uebung2* verschoben werden sollen? Wie kann das Problem gelöst werden? Führen Sie die Aktion(en) aus.

64. Bewegen Sie alle Dateien zurück in das Verzeichnis *uebung*, aber schalten Sie die Option ein, so dass der Benutzer während des Vorgangs informiert wird. Warum kann dies sinnvoll sein?

Probleme bei der Verschiebung und der Umbenennung von Dateien

65. Wie wird unterschieden, ob die Datei bewegt oder umbenannt wird?
66. Wie können Dateien gleichzeitig ausgewählt und bewegt werden?
67. Welche Probleme können beim Verschieben der Dateien auftreten?
68. Können Dateien innerhalb des gleichen Verzeichnisses bewegt werden? Falls ja, wie?

Dateien und Verzeichnisse kopieren

Voraussetzungen: Die Verzeichnisse *uebung1* und *uebung2* sind Unterverzeichnisse des Verzeichnisses *uebung*. Die Dateien *Datei1, Datei2, Datei3* existieren im Verzeichnis *uebung*.

69. Welche Fallunterscheidungen sind beim Kopieren zu treffen?
70. Wie können die Dateien *Datei1, Datei2, Datei3* in das Verzeichnis *uebung1* kopiert werden? Führen Sie die möglichen Alternativen auf.
71. Was wäre zu tun, falls die Datei *Datei1* in das Verzeichnis *uebung2* kopiert und umbenannt werden soll?
72. Angenommen, die Dateien *Datei1, Datei2, Datei3* müssten nochmals in das Verzeichnis *uebung1* kopiert werden, obwohl sie dort schon existieren. Was ist hierbei zu beachten? Welche Optionen könnten helfen und wie würde der Befehl aussehen?
73. Was ist zu tun, falls man auch die Unterverzeichnisse eines Verzeichnisses kopieren möchte? Was ist zu berücksichtigen?

Optionen bei der Kopie von Dateien von Verzeichnissen

74. Welcher Befehl ähnelt dem Kopierkommando am stärksten? Was sind die Unterschiede?
75. Wie können Verzeichnisse kopiert werden?
76. Welche Zugriffsrechte müssen Sie beim Zielverzeichnis haben?
77. Welcher Modus ist empfehlenswert, falls man beim Überschreiben der Dateien keine allgemeinen Regeln angeben kann?

Dateien löschen

Voraussetzungen: Die Verzeichnisse *uebung1* und *uebung2* sind Unterverzeichnisse des Verzeichnisses *uebung*. Die Dateien *Datei1, Datei2, Datei3* existieren im Verzeichnis *uebung*.

78. Wie können die Dateien im Verzeichnis *uebung* gelöscht werden? Erläutern Sie die Möglichkeiten. Führen Sie die Löschung durch.
79. Wie könnten dabei auch die Verzeichnisse gelöscht werden? Löschen Sie ebenfalls die Verzeichnisse.

80. Wie kann erreicht werden, dass Dateien nur interaktiv, d. h. nach Rückfrage gelöscht werden?
81. Wie können die Löschvorgänge dem Benutzer angezeigt werden? Warum ist dies sinnvoll?

Optionen beim Löschen von Dateien
82. Welcher Modus erfordert eine Rückfrage vor dem Löschen von Dateien?
83. Können auch Dateien in anderen, nicht-lokalen Verzeichnissen gelöscht werden?
84. Wie werden alle Dateien eines Verzeichnisses gelöscht?
85. Wie werden alle versteckten Dateien eines lokalen Verzeichnisses gelöscht?

Verzeichnisse erzeugen und löschen
Voraussetzungen: Begeben Sie sich in Ihr Benutzerverzeichnis. Wechseln Sie von dort aus in das Verzeichnis *uebung*.

86. Erstellen Sie die Verzeichnisse *test1*, *test2* und *test3* innerhalb des aktuellen Arbeitsverzeichnisses *uebung*.
87. Wie können Sie die Verzeichnisse *test1*, *test2*, *test3* mit einem Kommando erzeugen bzw. löschen? Was bietet sich an, falls die drei Verzeichnisse wie folgt ineinander verschachtelt wären: *test1/test2/test3*
88. Was würde passieren, falls das Verzeichnis *test1* gelöscht werden sollte und sich noch eine Datei darin befindet? Wie lässt sich dieses Problem lösen?
89. In welcher (hierarchischen) Beziehung steht das Verzeichnis *test1* zu *uebung*? Können die Verzeichnisse *test1* bzw. *uebung* gelöscht werden? Wie sähe eine mögliche Reihenfolge aus? Wie sieht die Situation aus, falls das Verzeichnis *test1* eine oder mehrere Dateien enthalten würde?
90. Was passiert, falls Sie in dem Verzeichnis *uebung* nochmals den Befehl *mkdir test1* ausführen möchten? Was ist die Ursache? Was ist die Lösung?
91. Wann kommt es zu Fehlern bei der Erzeugung bzw. dem Löschen von Verzeichnissen? Nennen Sie Beispiele von typischen Problemfällen.
92. Was macht jeweils die Option *-v* im *mkdir* bzw. *rmdir* Befehl? Erzeugen bzw. löschen Sie die Verzeichnisse unter Beibehaltung der Option.

Optionen bei der Erzeugung und dem Löschen von Verzeichnisse
93. Können wild cards auch bei dem Löschen von Verzeichnissen verwendet werden?
94. Was sind die Voraussetzungen für das Löschen von Verzeichnissen?
95. Wie werden die erzeugten bzw. gelöschten Verzeichnisse dokumentiert?

Zugriffsberechtigungen
Voraussetzungen: Die Verzeichnisse *uebung1* und *uebung2* sind Unterverzeichnisse des Verzeichnisses *uebung*. Die Dateien *Datei1*, *Datei2* und *Datei3* existieren im Verzeichnis *uebung*.

96. Wie können Sie die Zugriffsrechte für Ihr Benutzerverzeichnis und die Verzeichnisse *uebung, uebung1* und *uebung2*, sowie die jeweiligen Dateien *Datei1, Datei2* und *Datei3* lesen?

97. Ändern Sie die Zugriffsrechte folgendermaßen ab: die Benutzergruppen *group* (g) und *others* (o) dürfen auf das Verzeichnis *uebung1* nur lesend zugreifen, haben aber sonst keinerlei Zugriff auf die Dateien in diesem Verzeichnis. Verändern Sie die Zugriffsrechte abwechselnd mit den zwei Varianten des *chmod* Befehls. Was sind die Konsequenzen für die jeweiligen Daten und Verzeichnisse?

98. Ändern Sie die Zugriffsrechte folgendermaßen ab: die Benutzergruppe *group* (g) darf auf das Verzeichnis *uebung2* lesend und schreibend zugreifen, die Benutzergruppe *others* (o) hat aber keinen Zugriff auf die Dateien. Verändern Sie die Zugriffsrechte abwechselnd mit beiden Varianten des *chmod* Befehls (s.o.).

99. Legen Sie die Zugriffsrechte für die Datei *Datei1* wie folgt fest: die Benutzergruppe *group* (g) darf auf *Datei1* nur lesend und ausführend zugreifen, die Benutzergruppe *others* (o) kann sie hingegen ausführen.

100. Angenommen die Datei würde kopiert, was würde dann mit den Zugriffsrechten passieren?

Änderungen von Zugriffsberechtigungen

101. Welche Zugriffsrechte und Benutzerkategorien gibt es?
102. Erläutern und bewerten Sie die beiden Verfahren zur Festlegung von Zugriffsrechten.
103. Wie wird die Zuordnung zu einem Benutzer oder einer Benutzergruppe geändert?
104. Wie werden systemweit die Standardwerte der Zugriffsrechte für Dateien eingestellt?

3.11 Lösungen

Verzeichnisstrukturen

1. Man gelangt in das Elternverzeichnis mittels .. und über *cd <Verzeichnis>* wieder zurück.
2. Nein, es gibt immer nur genau ein Elternverzeichnis.
3. Die Pfade bzw. Pfadangaben sind immer eindeutig, wobei jeder Pfad entweder relativ oder absolut beschrieben werden kann.
4. Es gibt nur genau eine höchste Verzeichnisebene.
5. Eine solche Verzeichnisstruktur bezeichnet man in der Informatik als *Baum*.

Absoluter und relativer Pfad

6. Ein Pfad ist die Beschreibung des Wegs durch das Dateisystem, um zu dem entsprechenden Verzeichnis bzw. der Datei zu gelangen.
7. Der absolute Pfad definiert den Pfad immer ausgehend von der Wurzel des Dateisystems, d. h. von der obersten Ebene aus, und er funktioniert immer, unabhängig vom Standpunkt innerhalb des Dateisystems. Beispiele für einen absoluten Pfad sind */tmp* oder */home/einsteiger* bzw. für einen relativen Pfad *einVerzeichnis* oder *verzeichnis/eineDatei*.

8. Man kann ihn syntaktisch erkennen, denn wenn der Pfad mit „/" beginnt, dann ist er absolut (z. B. */tmp* oder */home/einsteiger*). Er bezieht sich auf ein Verzeichnis der obersten Ebene, ansonsten ist es ein relativer Pfad.

9. Der Vorteil des absoluten Pfads ist, dass er unabhängig vom Standpunkt funktioniert (denn der Bezugspunkt ist immer die Wurzel des Dateisystems). Der Vorteil des relativen Pfads ist, dass er im Regelfall kürzer ist.

10. Beim relativen Pfad ist immer der aktuelle Standort zu beachten, denn darauf bezieht sich der Pfad als Ausgangspunkt. Die Bezeichnung für einen absoluten Pfad ist immer eindeutig, die für einen relativen Pfad hingegen variiert, abhängig vom Standort.

11. Die relativen Pfade sind: (a) *uebung*, (b) *.. und* (c) *../..* Die absoluten Pfade sind (a) */home/user/tux/uebung*, (b) */home/user* und (c) */home*.

12. Der erste und dritte Pfad sind absolut (da jeweils mit „/" eingeleitet), der zweite, vierte und fünfte Pfad sind relativ.

Wild cards

13. Die Antworten sind:
    - Datei1, .., Datei9, DateiA,.., DateiG
    - eineDatei
    - alle Dateien
    - eineDatei, andereDatei
    - alle Dateien
    - Datei1, .., Datei5
    - DateiA,.., DateiD

14. Nein, denn die Ausdrücke ** und * sind äquivalent, also ist * besser.

15. Die folgenden Ausdrücke sind äquivalent:
    - *
    - *?
    - ***

Pfade

16. Am Pfad lässt sich nicht erkennen, ob hiermit eine Datei oder ein Verzeichnis beschrieben wird. Dies lässt sich nicht syntaktisch, sondern nur semantisch entscheiden.

17. Ein absoluter Pfad lässt sich mit einem relativen Pfad kombinieren, wenn der absolute Pfad den Aufenthaltsort beschreibt, zu dem der relative Pfad gehört.

18. Jeder relative Pfad lässt sich in einen absoluten Pfad verwandeln, indem man den absoluten Pfad nimmt, der den aktuellen Aufenthaltsort beschreibt und dann zu dem relativen Pfad hinzufügt. Umgekehrt lässt sich ebenfalls eine absolute Pfadangabe in zwei Elemente zerlegen: das erste Element beschreibt den aktuellen Aufenthaltsort und das zweite die relative Pfadangabe.

19. Das Zeichen „/" stellt die Wurzel, d. h. die oberste Ebene, des Dateisystems dar.

Auswahl von Dateien

20. *???* beschreibt drei beliebige Zeichen, die aufeinander folgen.

21. Zum einen können alle Zeichen innerhalb des Werteintervalls vorkommen und zum anderen ist die Unterscheidung zwischen Groß- und Kleinschreibung wichtig.

22. Sonderzeichen können in Kombination mit dem Backslash, d. h. „\", dargestellt werden, also das wild card Symbol „?" kann als \? eingefügt werden.

Verzeichnisse

23. Der Befehl *ls* listet die Dateien und Verzeichnisse innerhalb eines Verzeichnisse auf. Angewandt auf eine Datei, können anhand von Optionen, weitere Dateieigenschaften aufgelistet werden.
24. Die Ausgabe von *ls* zählt nur die Datei- und Verzeichnisnamen auf.
25. Die folgenden Dateinamen werden aufgezählt:
    * *Datei1, .., Datei9, DateiA,.., DateiG*
    * *Datei1, .., Datei9, DateiA,.., DateiG*
    * *Datei1, .., Datei3*
26. Erstellen Sie Ausdrücke, die ...
    * *
    * *Datei[5..7]*
    * **.txt*
    * *D**

Dateien und Verzeichnisse anzeigen

27. Mittels pwd wird das aktuelle Verzeichnis bestimmt (alternativ über echo $PWD).
28. Zu ermitteln durch: (a) *cd* oder (b) *echo ~* oder (c) *echo $HOME*
29. Durch die Eingabe von *cd* oder durch die Eingabe des entsprechenden relativen bzw. absoluten Pfads.
30. Zu ermitteln durch *ls –l ~*, wobei die ausgegebenen Verzeichnisse durch ein „d" in der 1. Spalte zu erkennen sind.
31. Die folgenden Kommandos sind einzugeben: (1) *ls –al ~* (2) *ls –al* (3) *ls –al /etc* (4) *ls –l /tmp*
32. Indem man die Fähigkeit des *ls* Kommandos nutzt, dass man direkt einen Pfad für *ls* angeben kann, z. B. *ls /*, *ls /etc* oder *ls /tmp* . Dies kann sinnvoll sein, wenn man hintereinander mehrere Verzeichnisse anschauen möchte, ohne in das jeweilige Verzeichnis zu gehen oder man seinen Eingabeaufwand reduzieren möchte.
33. Das Verzeichnis */root* gehört zum Systemadministrator und ist damit für den normalen Benutzer normalerweise nicht zugänglich.
34. Mittels *ls –l /* erhalten Sie den Inhalt des Verzeichnisses / und danach können Sie eine Liste der entsprechenden Verzeichnisse erstellen.
35. Es gibt Verzeichnisse, die für normale Benutzer gesperrt sind, also z. B. die zum Systemadministrator bzw. zu anderen Benutzern gehören und von diesen nicht frei gegeben wurden.
36. Eine Auswahl der Dateien kann vorgenommen werden, in dem *ls* mit den wild cards für die „Filterung" der anzuzeigenden Dateien verbunden wird. Der Befehl *ls –l p** zeigt also z. B. alle Dateien und Verzeichnisse an, die mit dem Buchstaben *p* beginnen. Bei Verzeichnissen führt dieses Vorgehen allerdings dazu, dass die Inhalte des Verzeichnisses angezeigt werden, welche wiederum auch Dateien enthalten, deren Namen z. B. nicht nur mit *p* beginnen. Um einen solchen Fall auszuschließen, empfiehlt es sich die Option *-d* zu verwenden, welche nur den Verzeichnisnamen (statt des Inhalts selbst) anzeigt.

37. Obwohl die Frage nicht allgemeingültig beantwortet werden kann, so sind die Optionen *-l* und *-a* sicherlich die beliebtesten.
38. Die folgenden Kommandos bedeuten: (1) *ls -am*, die Auflistung aller Dateien wird hintereinander, durch Kommata getrennt, ausgegeben, (2) *ls -ar*, die Auflistung aller Dateien in umgekehrt sortierter Reihenfolge, (3) *ls -R* , die rekursive Anzeige des Inhalts aller Unterverzeichnisse.
39. Die folgenden Kommandos bedeuten: (1) *ls -al*, die Anzeige aller Dateien und Unterverzeichnisse im ausführlichen Format, (2) *ls -l /etc/**, zeigt Dateien und Unterverzeichnisse von */etc* im ausführlichen Format an, (3) *ls /etc*, zeigt Dateien und Unterverzeichnisse von */etc* an, (4) *ls -a /etc/*.conf*, zeigt nur Dateien an, die auf *.conf* enden (5) *ls -a *.** zeigt Dateien und Unterverzeichnisse, die einen „." im Namen enthalten

Anzeige von Dateien und Verzeichnissen
40. Es wird nur der Verzeichnisname angezeigt, wobei er dann oft in einer besonderen Farbe aufgelistet wird.
41. Die Anzeige der Dateien und Verzeichnisse innerhalb eines Verzeichnisses ist normalerweise nach den alphabetischen Datei- und Verzeichnisnamen sortiert.
42. Es werden normalerweise keine versteckten Dateien, d. h. Dateien deren Namen mit einem ."beginnt, angezeigt.
43. Die Zugriffsrechte bei Dateien und Verzeichnissen werden im langen, ausführlichen Format (mittels der Option *-l*) angezeigt.
44. Die Größe der Dateien wird in Form von Blöcken angezeigt (durch die Option *–k* kann man sich die Dateigröße auch in KiloBytes anzeigen lassen).

Verzeichnisse wechseln
45. *cd*
46. *cd uebung*
47. *cd* oder *cd ..* oder *cd <absoluter Pfad>*
48. *cd ..* oder man verwendet *cd <absoluter Pfad>*. Von dem höheren Verzeichnis, dem Elternverzeichnis, kann man – wie üblich – in die anderen Verzeichnisse wechseln, z. B. in das nächst höhere (über *cd ..*) oder in ein Teilverzeichnis durch (*cd <Teilverzeichnis>*). Beide Wechsel sind auch in einem Durchgang möglich, z. B. über *cd ../..* oder *cd ../ <Teilverzeichnis>*
49. Die folgenden Kommandos bedeuten: (1) *cd ..*, der Aufstieg in das nächsthöhere Verzeichnis, (2) *cd ../..* , der Aufstieg in das übernächsthöhere Verzeichnis, (3) *cd*, der Wechsel ins Benutzerverzeichnis und (4) *cd ../uebung1*, der Aufstieg in das nächsthöhere Verzeichnis und dann der Wechsel ins Verzeichnis *uebung1*.

Grenzen für den Wechsel von Verzeichnissen
50. Durch die Angabe eines absoluten Pfads ist die Kenntnis des aktuellen Aufenthaltsortes nicht notwendig.
51. Es kann sein, dass der Wechsel in ein anderes Verzeichnis, aufgrund fehlender Zugriffsrechte, unmöglich ist und die Anweisung scheitert.
52. Er kann zur Wurzel des Dateisystems gehen, direkt über *cd /* oder durch wiederholte Eingabe von *cd ..* oder zum Benutzerverzeichnis durch *cd*. Beide Verzeichnisse existieren

in jedem Fall, auch wenn man nicht den absoluten Pfad des Benutzerverzeichnisses oder des aktuellen Verzeichnisses angeben kann.

53. cd ..

54. Verzeichnisse sind bei der langen, ausführlichen Darstellung (*ls –l*) des Verzeichnisinhalts durch ein vorangestelltes *d* gekennzeichnet.

Dateien erzeugen

55. Der *touch* Befehl setzt explizit die Zugriffs- und Modifikationszeit einer Datei auf den aktuellen Zeitpunkt.

56. Mittels *touch Datei1 Datei2 Datei3* erzeugt man die 3 Dateien. Die generierten Dateien sind leer. Die Alternative wäre dreimal hintereinander den *touch* Befehl aufzurufen oder mit Hilfe eines Editors jeweils eine leere Datei zu speichern.

57. Bei einer existierenden Datei setzt der *touch* Befehl den Zeitpunkt des letzten Zugriffs und der Modifikation auf die aktuelle Zeit.

58. Diese Dateien sind leer.

Dateien bewegen und umbenennen

59. mv Datei1 andereDatei

Bei mehreren Dateien wäre dieser Vorgang mehrfach zu wiederholen.

60. mv Datei2 Datei3 uebung1

61. Die beiden Alternativen treten bei der Festlegung des Pfads auf, der entweder relativ oder absolut definiert werden kann. *mv uebung1/Datei? uebung2* (relativ) oder *mv uebung1/Datei? <Benutzerverzeichnis> /uebung/uebung2 (absolut)* .

62. mv andereDatei ../uebung2/Datei1

63. cd uebung1 und *touch Datei1 Datei2 Datei3*

Es ist zu beachten, dass diese drei Dateien schon im Verzeichnis *uebung2* existieren und deshalb überschrieben werden müssen. Es gibt drei mögliche Modi: (1) den interaktiven Modus, der bei jedem Überschreiben, eine Rückfrage stellt: *mv -i Datei1 Datei2 Datei3 uebung2*oder (2) den „forcierten" Modus, in dem alle Überschreibungen, prinzipiell ohne Rückfragen oder Warnungen ausgeführt werden: *mv -f Datei1 Datei2 Datei3 uebung2* oder (3) den Aktualisierungsmodus, in dem die älteren Dateien überschrieben werden: *mv –u Datei1 Datei2 Datei3 uebung2* oder (4) den normalen Modus *mv -f Datei1 Datei2 Datei3 uebung2*

64. cd uebung2 und *mv –v Datei1 Datei2 Datei3 uebung*

Diese ausführliche Darstellung ist sinnvoll, um zu überprüfen, ob und welche Dateien verschoben wurden und, ob es zu Warnungen bzgl. Überschreiben oder fehlenden Zugriffsrechten kommt.

Probleme bei der Verschiebung und der Umbenennung von Dateien

65. Die Datei bzw. die Dateien werden bewegt, wenn als Ziel nur ein Verzeichnis angegeben wird.

66. Ausgewählte Dateiarten werden durch wild cards beschrieben und können durch *mv* bewegt werden.

67. Probleme können durch (1) mangelnde Zugriffsrechte beim Zielverzeichnis, (2) Warnungen beim Überschreiben existierender Dateien oder (3) Abwesenheit der zu bewegenden Dateien verursacht werden.
68. Dateien innerhalb des gleichen Verzeichnisses werden umbenannt, aber nicht bewegt.

Dateien und Verzeichnisse kopieren

69. Die zu treffenden Fallunterscheidungen sind prinzipiell die folgenden: (1) wie werden die zu kopierenden Dateien erfasst, z. B. durch explizite Aufzählung oder durch wild cards, (2) ob die Dateien relativ oder absolut adressiert werden, (3) ob die Dateien nur kopiert oder auch kopiert und umbenannt werden sollten und (4) ob die Dateien schon existieren.
70. Die möglichen Alternativen sind: *cp Datei1 Datei2 Datei3 uebung1* [explizite Aufzählung] oder *cp Datei? uebung1* [wild cards]. Weiterhin könnte das Verzeichnis *uebung1* auch absolut adressiert werden.
71. *cp Datei uebung2/neuerNameDatei*
72. Das Problem ist das Risiko des möglichen Überschreibens der schon existierenden Dateien. Es gibt dabei zwei mögliche Modi: (1) den interaktiven Modus, der bei jedem Überschreiben eine Rückfrage stellt: *mv −i Datei1 Datei2 Datei3 uebung1* oder (2) den „forcierten" Modus, in dem alle Überschreibungen, prinzipiell ohne Rückfragen oder Warnungen ausgeführt werden: *mv -f Datei1 Datei2 Datei3 uebung1* oder (3) den Aktualisierungsmodus, in dem die älteren Dateien überschrieben werden: *mv -u Datei1 Datei2 Datei3 uebung1*
73. In diesem Fall ist der rekursive Modus zu verwenden.

Optionen bei der Kopie von Dateien von Verzeichnissen

74. Das Kopierkommando ähnelt am stärksten dem *mv* Befehl, sowohl syntaktisch als auch semantisch.
75. Durch die (rekursive) Option *-r* werden auch Unterverzeichnisse und deren Verzeichnisse usw. kopiert.
76. Das Ausführungsrecht von Verzeichnissen, symbolisch als *x* dargestellt, erlaubt die Erzeugung neuer Dateien, indem in das Verzeichnis geschrieben wird.
77. Der interaktive Modus ist in diesem Fall empfehlenswert, da vor jedem Überschreiben der Dateien eine Nachfrage erfolgt.

Dateien löschen

78. Die Möglichkeiten zur Löschung der Dateien sind: (1) *rm Datei1 Datei2 Datei3* [explizite Aufzählung], (2) *rm Datei?* [wild cards]
79. *rm −r Datei?*
80. Durch die Option *-i*, also würde dies das folgende Kommando ergeben: *rm -ir Datei?* oder *rm -ir* *
81. Durch die Option *-v*, also z. B. *rm -rv Datei?* oder *rm −rv* *
    Es ist sinnvoll, um zu sehen welche Dateien gelöscht werden, dies ist besonders wichtig, wenn es sich um viele Dateien handelt.

Optionen beim Löschen von Dateien

82. Auch beim Löschen der Dateien gibt es einen interaktiven Modus, hervorgerufen durch die Option *-i.*

83. Ja, Dateien können auch in anderen, weiteren Verzeichnissen gelöscht werden, durch (1) die (rekursive) Option *-r,* die es ermöglicht auch Dateien in Unterverzeichnissen zu löschen und (2) die Aufzählung von Dateien, die sich in anderen Verzeichnissen befinden.

84. *rm ** oder *rm <Pfad>/**

85. *rm .** oder *rm <Pfad>/.**

Verzeichnisse erzeugen und löschen

86. *mkdir test1 test2 test3*

87. *mkdir test1 test2 test3* und *rmdir test1 test2 test3*
    Falls die Verzeichnisse ineinander verschachtelt wären, also den Pfad *test1/test2/test3* bilden würden, dann könnten sowohl *mkdir* als auch *rmdir* mit der Option *-p* die „dazwischen liegenden Verzeichnisse" *test1* und *test2* mit der Anweisung *mkdir -p test1/test2/test3* bzw. *rmdir -p test1/test2/test3* erzeugen bzw. löschen.

88. Das Verzeichnis *test1* lässt sich nicht löschen, solange sich noch eine Datei darin befindet. Das Problem lässt sich durch Löschen der Datei und anschließendes Löschen des Verzeichnisses lösen. Eine Alternative wäre ein rekursives Löschen des Verzeichnisses.

89. Das Verzeichnis *test1* ist in *uebung* enthalten. Die Verzeichnisse *test1* und *uebung* können dann gelöscht werden, wenn (1) die Verzeichnisse jeweils leer sind und (2) der Benutzer jeweils die entsprechenden Rechte dazu hat. In diesem Fall müsste zuerst *test1* und anschließend *uebung* gelöscht werden, da (1) *test1* in *uebung* enthalten ist und (2) *uebung* leer sein muß, um gelöscht zu werden. Falls *test1* eine oder mehrere Dateien enthalten sollte, dann müssten diese zuerst gelöscht werden.

90. Da das Unterverzeichnis *test1* schon existiert, kann es nicht noch einmal erzeugt werden und es wird deshalb eine Fehlermeldung generiert. Die Lösung wäre zuvor das gleichnamige Verzeichnis zu leeren, dann zu löschen und anschließend das neue Verzeichnis zu erzeugen.

91. Es gibt zwei prinzipielle Gründe für Fehlermeldungen beim Erzeugen bzw. Löschen von Verzeichnissen: (1) das Verzeichnis ist nicht leer und (2) die notwendigen Zugriffsrechte für das Verzeichnis liegen nicht vor.

92. Die Option *-v* zeigt die durchgeführte Erzeugung bzw. Löschung des Verzeichnisses an.

Optionen beim Erzeugen und Löschen von Verzeichnissen

93. Ja, wild cards können auch zur Löschung von Verzeichnissen genutzt werden.

94. Die Zugriffsrechte müssen gegeben sein.

95. Durch die Option *-v* werden alle Vorgänge dokumentiert.

Zugriffsberechtigungen

96. Durch die lange, ausführliche Option (-l) beim *ls* Befehl, z. B. *ls –l uebung* oder *ls –l Datei* oder bei Benutzung von wild cards: *ls –l uebung?* oder *ls –l Datei?*

97. *chmod g-wx,o-wx uebung1* oder *chmod 644 uebung1*

98. *chmod g+rw,g-x,o-rwx uebung2* oder *chmod 660 uebung2*

99. *chmod g+rx,g-w,o+x,o-rw Datei* oder *chmod 631 Datei*

100. Bei einer Kopie werden die Zugriffsrechte übernommen. Außer die Zieldatei existiert bereits und wird überschrieben, dann bleiben die Rechte der überschriebenen Datei.

Änderungen von Zugriffsberechtigungen

101. Es gibt als Zugriffsrechte: Schreib-, Lese- und Ausführungsrechte und die Benutzerkategorien: Benutzer (u, user), Benutzergruppe (g, group) und Andere (o, others).

102. Es gibt ein Verfahren über „symbolische Werte" und ein zweites mittels „Oktalzahlen". Meines Erachtens ist die Einstellung über die „symbolischen Werte" einfacher und leichter zu merken, da sie eher der menschlichen Notation angepasst ist.

103. Durch den Befehl *chown* für die Zuweisung eines anderen Benutzers oder *chgrp* für die Zuweisung einer anderen Benutzergruppe.

104. Durch den Befehl umask.

4   Texteditor vi

Der Texteditor *vi* (visual editor) ist eines der wichtigsten Werkzeuge um Texte zu editieren, da er in allen Implementierungen von Linux oder UNIX vorhanden ist. Neben dem *vi* existieren noch eine Reihe von „Klonen" oder Verbesserungen, wie z. B. der *vim* (vi improved), die ebenfalls oder stattdessen in Linux auftauchen können. Auf die Unterschiede soll hierbei nicht eingegangen werden, denn es handelt sich nur um eine grundlegende Einführung in die Konzepte und die Bedienung des *vi*, die allen „Klonen" bzw. Varianten gemeinsam sind. Insbesondere für Einsteiger, die zuvor eine grafische und maus-orientierte Benutzerführung gewöhnt waren, ist die Umstellung auf einen konsequent kommando-orientierten Texteditor, zumindest am Anfang sehr gewöhnungsbedürftig. Auch in diesem Fall hilft nur der regelmäßige Gebrauch des *vi*. Um den Einstieg weitgehend zu erleichtern, wird hier nur eine Auswahl der wichtigsten Befehle angeboten.

Lernziele
Nachdem Sie dieses Kapitel erfolgreich bearbeitet haben, können Sie ...

- die grundlegenden Konzepte des *vi* verstehen und anwenden
- den Texteditor *vi* aufrufen
- innerhalb des Texteditors *vi* navigieren
- die Texte im *vi* editieren (hinzufügen, löschen)
- die Texte im *vi* kopieren und bewegen
- die Texte im *vi* speichern und den *vi* verlassen
- den Texteditor *vi* personalisieren
- im *vi* suchen

4.1   Grundlegende Konzepte des Texteditors vi

Der Texteditor *vi* kennt verschiedene Modi und verhält sich völlig unterschiedlich, abhängig von diesen Modi. Die bekanntesten Modi sind:

- Kommandomodus
- Eingabemodus
- Exit-Modus
- Such-Modus

Der *vi* befindet sich zuerst immer im Kommandomodus, dies bedeutet, dass dann alle Eingaben als Kommandos aufgefasst werden. Erst durch eine spezielle Tastenfolge wechselt der *vi* dann in den entsprechenden gewünschten Modus, z. B. durch Drücken der Taste „*a*" oder „*i*" in den Eingabemodus. Im Eingabemodus können dann ganz normal Texte eingetippt werden.

Der Kommandomodus wird beispielsweise verwendet, um sich innerhalb der Datei bewegen zu können, z. B. durch das Positionieren des Cursors, oder um ein Zeichen oder eine Zeile zu löschen.

Der Übergang vom Kommandomodus erfolgt zum
- Eingabemodus durch: *a, i, o, O*
- Exitmodus durch: „:"
- Suchmodus durch: „/"

Der Rücksprung aus den verschiedenen Modi zurück in den Kommandomodus geschieht durch Drücken der ESC (Escape)-Taste. Sobald sich der Benutzer im Eingabemodus befindet, wird im unteren Bildschirmrand „einfügen" eingeblendet, um so den Eingabemodus auch visuell vom Kommandomodus abzuheben. Der Exit- und der Suchmodus unterscheiden sich vom Kommando- bzw. Eingabemodus dadurch, dass der Cursor am unteren Bildschirmrand positioniert wird.

Fazit:

Der Texteditor vi kennt die folgenden Modi: (1) Kommandomodus, (2) Eingabemodus, (3) Exit-Modus und (4) Such-Modus. Im Kommandomodus wird jede Eingabe als Kommando interpretiert, im Eingabemodus wird jeder Tastendruck als normale textuelle Eingabe gesehen und im Suchmodus wird er als Suchausdruck aufgefasst.

4.2   Texteditor vi aufrufen

Der Texteditor *vi* selbst muss zuerst aufgerufen werden, bevor die Datei editiert werden kann. Dies geschieht durch das Kommando *vi*. Mit dem Befehl *vi* selbst wird der Texteditor gestartet, ohne einen entsprechenden Dateinamen festzulegen. Wird der *vi* hingegen mit einem Dateinamen aufgerufen, so wird der Text dann unter diesem Namen gespeichert bzw. diese Datei angezeigt. Soll die Datei nur unverändert gelesen werden, so empfiehlt sich *less*, *view* oder *vi -R* mit dem entsprechenden Dateinamen.

Befehle

`vi`	Texteditor *vi* wird ohne Datei aufgerufen
`vi <Datei>`	Texteditor *vi* wird mit *Datei* aufgerufen

Optionen

`vi -R <Datei>`	Texteditor *vi* wird nur zum Lesen der *Datei* aufgerufen
`vi + <Datei>`	*Datei* wird in der letzten Zeile geöffnet
`vi +<Zeilennr.> <Datei>`	*Datei* wird in der Zeile *<Zeilennr.>* geöffnet

Beispiele

`vi`	*vi* wird aufgerufen, ohne die Datei zu benennen
`vi einText`	*vi* editiert die Datei *einText*
`view einText`	*vi* öffnet die Datei *einText* nur zum Lesen
`vi -R einText`	ebenso
`vi +5 einText`	öffnet die Datei *einText* in der 5. Zeile
`vi + einText`	öffnet die Datei *einText* in der letzten Zeile

Hinweise
- Der Gebrauch von *vi -R* empfiehlt sich immer dann, wenn man eine Datei öffnen möchte, ohne sie aber zu verändern. Dies geschieht am einfachsten im schreibgeschützten Modus. Anstatt *vi –R* kann man auch den Befehl *view* verwenden.
- Falls eine Datei im normalen Modus geöffnet wird, sie aber ohne Änderungen abgespeichert werden soll, so lässt sich dies auch problemlos im Exitmodus durchführen.
- Sehr hilfreich ist die Option, schon beim Öffnen der Datei, den Cursor direkt in einer Zeile zu positionieren bzw. sich beim ersten Vorkommen des Suchmusters zu positionieren.
- Bitte beachten Sie, dass bei dem Kommando *vi + Datei* ein Leerzeichen zwischen + und dem Dateinamen kommt. Das Öffnen der Datei an der letzten Zeile ist normalerweise nur für größere Textdateien sinnvoll, da man sich ansonsten mit dem Cursor bequem an das Dateiende bewegen kann.
- Der Befehl *vi + Datei* ist nur ein Spezialfall von *vi +Zeilennummer Datei*, so dass es sich anbietet den allgemeineren Fall (zuerst) zu lernen.

Fazit:

> Die einfachste Art den Texteditor vi aufzurufen ist `vi` oder `vi <Datei>`. Mit `vi +n`
> `<Datei>` wird die Datei direkt in der n-ten Zeile geöffnet.

4.3   Innerhalb des vi navigieren

Insbesondere für Einsteiger ist es ungewohnt, dass man sich ohne Maus in einem Texteditor
bewegt. Die Gründe für diese Steuerung liegen darin begründet, dass man unter Umständen
auf Systemen arbeiten muss, z. B. im Rechenzentrum, die über keine Maus oder grafische
Benutzeroberfläche verfügen. Dies bedeutet jeglicher Positionierungsbefehl muss über die
Tastatur erfolgen.

In diesem Fall bewegt man den Cursor innerhalb des Textes anhand der sogenannten "Pfeiltasten" (←, ↓, ↑ , →), sofern diese von der Tastatur unterstützt werden oder der Tasten *h,j,k,l*
(für die Bewegungen links, unten, oben, rechts). Dies sind die Grundelemente, um mittels *vi*
im Kommandomodus innerhalb einer Datei navigieren zu können. Im folgenden Abschnitt
werden dann komplexere Bewegungen beschrieben.

Um jeweils ein Wort vorwärts bzw. rückwärts gehen zu können bieten sich die Kommandos
w und *b* an. Um an den Anfang bzw. das Endes eines Satzes bzw. Absatzes zu springen,
verwendet man die folgenden Kommandos: „(" bzw. „)" für den Satzanfang bzw. -ende und
„{" bzw. „}" für den Absatzanfang bzw. -ende. Um sich eine ganze Bildschirmseite vor-
wärts- oder rückwärts zu gehen, bedient man sich der Tastenkombinationen *STRG-F* und
STRG-B, d. h. dem gleichzeitigen Drücken der Taste *STRG* und *F* bzw. *B*.

Befehle

Pfeiltasten (←,↓,↑,→)	Steuerung des Cursors
h,j,k,l	Steuerung des Cursors nach links, unten, oben, rechts
w,b	wortweise vor- und ruckwärts gehen
(,)	an den Anfang bzw. das Ende des Satzes springen
{,}	an den Anfang bzw. das Ende des Abschnitts springen

Hinweise
* Konzentrieren Sie sich am Anfang darauf zuerst die grundlegenden Kommandos (*Pfeiltasten* bzw. *h, j, k, l*) zu erlernen und regelmäßig zu verwenden. Diese Befehle erlauben

es Ihnen, sich überall innerhalb der Datei zu bewegen und sollten für die erste Zeit ausreichend sein, sie bilden die Basis für weitere Lernfortschritte.

- Merken Sie sich für *h, j, k ,l* , dass die Tasten bei „*h*" beginnen und eine Art von "Ersatz"
für die normalen *Pfeiltasten* darstellen, falls diese nicht von der Tastatur unterstützt werden. Mit zunehmender Nutzung des *vi* und größerem Interesse Ihrerseits werden Sie dann
automatisch auch weitere, komplexere Bewegungsbefehle erlernen und anwenden.
- Je mehr (Tastatur-)Befehle Sie erlernen und flüssig anwenden können, umso eher werden
Sie feststellen, dass Sie damit genauso schnell, wenn nicht sogar noch schneller, wie mit
einer Maussteuerung, sein können.
- Das Problem bei allen Kommandos ist weniger die Frage, ob es einen passenden Befehl
gibt, sondern mehr die Schwierigkeit sich die zahlreichen Befehle zu merken.
- Durch den Befehl *Strg-G*, d. h. durch gleichzeitiges Drücken der Tasten *Strg und G*, wird
jeweils die aktuelle Zeilennummer angezeigt.

Fazit:

Die einfachsten Möglichkeiten zur Navigation innerhalb des vi sind die `Pfeiltasten`
($\leftarrow,\downarrow,\uparrow,\rightarrow$) bzw. `h,j,k,l`. Für den erfahrenen vi Benutzer bieten sich dann
auch die Möglichkeit sich wort-, satz- oder abschnittweise innerhalb des Textes zu bewegen.

4.4   Texte im vi editieren

Die wichtigsten Editierbefehle sind das Einfügen vor bzw. nach dem Cursor (*i,a*) und das
Löschen von Zeichen, auf die gerade der Cursor zeigt (*x*). Aufbauend auf diesen elementaren
Kommandos können schon die meisten Aufgaben eigenständig erledigt werden.

Weitere nützliche Befehle sind: (1) das Einfügen einer ganzen Zeile unter bzw. über der
aktuellen Zeile, auf der sich gerade der Cursor befindet (*o, O*), (2) die Ersetzung eines Zeichens, auf das der Cursor zeigt (*r*), (3) das Löschen einer Zeile (*dd*) und (4) das Rückgän-
gigmachen des letzten Befehls (*u*).

Befehle

`i, a`	Einfügen von Zeichen vor bzw. nach dem Cursor
`I, A`	Einfügen von Zeichen zu Beginn oder am Ende der Zeile
`o, O`	Einfügen der Zeile unter bzw. über der aktuellen Cursor-Zeile
`x`	Löschen des Zeichens unter dem Cursor
`X`	Löschen des Zeichens vor dem Cursor

dw	Löschen des Wortes
dd	Löschen einer ganzen Zeile
r	Ersetzung des aktuellen Zeichens unter dem Cursor
u	Rückgangig machen der letzten Eingabe
U	Wiederherstellung der aktuellen Zeile

Hinweise

- Bitte beachten Sie, dass der *vi*, als Konsequenz auf die Durchführung eines Einfügebefehls, in den Einfügemodus geht und dann alle weiteren Eingaben als Texteingaben (und nicht mehr als Kommandos) aufgefasst werden.
- Für die Editierbefehle gilt im Grunde dasselbe wie für die Bewegungsbefehle des *vi*. Sie sollten sich am Anfang auf die oben vorgeschlagene Auswahl an Kommandos beschränken, mit der Sie die meisten Aufgaben durchführen können und dann können Sie, je nach Bedarf, weitere Kommandos erlernen.
- Bitte berücksichtigen Sie, dass Sie sich nach Eingabe von *i, a, o, I, A, O* im Eingabemodus befinden. Dies bedeutet insbesondere, dass jedes Zeichen direkt in den Text eingefügt wird.
- Bei dem Kommando *U* ist zu beachten, dass die Zeile nicht wiederhergestellt werden kann, wenn die Zeile gelöscht wird (in diesem Fall muss *u* verwendet werden).

Fazit:

> Die wichtigsten Optionen, um Texte zu bearbeiten sind: *i, a* um Zeichen vor bzw. nach dem Cursor einzufügen und *x, dd* um Zeichen vor dem Cursor bzw. in der gesamten Zeile zu löschen. Bei Fehlbedienungen ist es stets sinnvoll, sich *u* zur Wiederherstellung des vorherigen Zustandes zu merken.

4.5   Texte im vi speichern und den vi verlassen

Nachdem Texte im vi editiert worden sind, ist es in der Regel sinnvoll diese (als Dateien) zu speichern. Um Dateien zu speichern oder den vi zu verlassen ist es allerdings notwendig in den Exitmodus einzutreten, welcher syntaktisch durch den Aufruf von „:" erfolgt.

Der häufigste Fall ist das Speichern des Inhalts des vi in einer Datei, was durch das Kommando *:w <Datei>* durchgeführt wird. Wenn der Inhalt nur noch einmal gesichert werden soll, d. h. der Dateiname schon bekannt ist, dann reicht *:w* aus.

Soll der *vi* danach verlassen werden, dann ist ein *q* hinzu zu fügen, es ergibt sich also *:wq*. Möchte man hingegen den *vi* verlassen, ohne die Datei zu sichern, dann ist *:q!* einzugeben.

Bei *:w!* wird sogar der Schreibschutz ignoriert und *:q*, kann nur dann verwendet werden, sofern keine Änderungen im *vi* vorgenommen wurden.

Befehle

:w	Speichern der aktuellen Datei, bei definiertem Dateinamen
:w!	Speichern der aktuellen Datei, trotz Scheibschutz
:w <Datei>	Speichern der aktuellen Datei unter dem Namen *<Datei>*
:wq	Speichern der Datei und Verlassen des *vi*
:q	Verlassen des *vi*, vorausgesetzt es gab keine Änderungen
:q!	Verlassen des *vi*, ohne die Änderungen zu speichern

Hinweise

- Die Befehle zum Speichern der Datei und zum Verlassen des *vi* zeichnen sich, syntaktisch gesehen, durch das vorangestellte „:" aus. Weiterhin kann man die meisten Anwendungsfälle mit einer Kombination der Befehle *w* (engl. write) und *q* (engl. quit) gut abdecken.
- Das Speichern der Datei, trotz Schreibschutz, ist mit Vorsicht anzuwenden, denn es gibt im Allgemeinen gute Gründe für den vorhandenen Schreibschutz der Datei.

Fazit:

Der Exitmodus wird eingeleitet durch *:* und die beiden wichtigsten Kommandos sind *w* für das Schreiben der Datei und *q* für das Verlassen des vi.

4.6 Texte im vi kopieren und einfügen

Die effizienten Kommandos zum Kopieren und Verschieben von Texten innerhalb des *vi* sind die folgenden. Mit *yy* wird die aktuelle Zeile in den Puffer kopiert. Mithilfe von *"xd* wird die aktuelle Zeile gelöscht und im Puffer abgelegt, dank *p* oder *P* kann dann der Pufferinhalt wieder eingefügt werden.

Befehle

yw	Kopie der aktuellen Wortes in den Puffer

yy	Kopie des aktuellen Zeile in den Puffer
"xd	Löschen der aktuellen Zeile und Ablegen im Puffer
p bzw. P	Einfügen des Pufferinhalts hinter bzw. vor der aktuellen Stelle

Hinweise
- Bitte achten Sie darauf, dass diese Eingaben im Kommandomodus erfolgen sollten. Bei der Auswahl des aktuellen Wortes bzw. der aktuellen Zeile müssen Sie sich auf dem Wort bzw. auf der Zeile plazieren.
- Sie können den Pufferinhalt mehrfach wieder einfügen.

Fazit:

> Mit *yw* und *yy* wird das aktuelle Wort bzw. die aktuelle Zeile kopiert und mittels *p* bzw. *P* wird der Pufferinhalt hinter bzw. vor der aktuellen Cursorposition eingefügt.

4.7 Texte im vi suchen

Eine wichtige Funktion des Texteditors vi ist es, Wörter innerhalb der Datei zu suchen. Die Suche wird eingeleitet durch das Zeichen / direkt gefolgt von dem zu suchenden Ausdruck. Bitte

Befehle

/Suchausdruck	Vorwärtssuche von *Suchausdruck* in der Datei, ausgehend von der aktuellen Cursorposition, vorwärts
?Suchausdruck	Rückwärtige Suche von *Suchausdruck*

Hinweise
- Bitte beachten Sie, dass die Standardsuche immer von der aktuellen Cursorposition her verläuft.

Fazit:

> Mit / wird der Suchmodus eingeleitet und dann kann der entsprechende Suchausdruck eingegeben werden.

4.8   Texteditor vi personalisieren

Der Texteditor *vi* kann personalisiert werden, d. h. er kann an die persönlichen Einstellungen oder Gewohnheiten angepasst werden, indem bestimmte Eigenschaften des vi verändert werden. Diese Anpassungen können auf zwei Arten erfolgen: (1) interaktiv, d. h. während der Laufzeit des *vi*, durch Aufruf der Kommandos *:set <Eigenschaft>* , *:set <Nicht-Eigenschaft>* und *:set <Eigenschaft>=<Wert>* oder (2) durch die Erstellung oder Modifikation der .exrc Datei im Benutzerverzeichnis, indem dort die oberen Kommandos, allerdings ohne „:", geschrieben werden. Die Befehle *:set* bzw. *:set all* zeigen die geänderten bzw. alle Eigenschaften des *vi* an.

4.9   Übungen

Grundkonzepte des vi
1. Was ist der vi? Was sind die Alternativen zum *vi*?
2. Warum benötigt man den *vi*? Wie kann man den *vi* sonst verwenden?
3. Warum gibt es keine Maus für den *vi*?
4. Warum muss man so viele Befehle erlernen?
5. Was ist der Kommandomodus? Wie kommt man (wieder) in den Kommandomodus?
6. Was ist der Einfügemodus? Wie kann man Texte eingeben?
7. Was sind die wichtigsten Befehlskategorien?
8. Gibt es eine Systematik für die Befehle?

Starten des Texteditors vi
9. Wie kann der *vi* gestartet werden?
10. Kann man eine Datei im *vi* lesen und falls ja, wie?
11. Wie sieht es mit schreibgeschützten Dateien aus?
12. Was passiert falls die Datei nicht existiert?

Auruf des Texteditors vi
13. Erstellen Sie die Datei *eineDatei* mit dem *vi*. Welche zwei Möglichkeiten gibt es um die Datei zu erzeugen? Welche bevorzugen Sie?
14. In welchem Modus befindet sich der *vi*, wenn er gestartet wird?
15. Rufen Sie den *vi* ohne Angabe eines Dateinamens auf. Was passiert dann? Verlassen Sie dann den *vi*, ohne Änderungen abzuspeichern.
16. Rufen Sie den *vi* mit einem Dateinamen auf. Was ist anders? Verlassen Sie ebenfalls den *vi*, ohne die Änderungen abzuspeichern.

Sich im Texteditor vi bewegen
17. Wie kann man sich innerhalb der Datei bewegen?
18. Was sind die Pfeiltasten? Gibt es Alternativen?
19. Wie kann man sich die "Cursortasten" merken?

20. Wie gelangt man ans Ende der Zeile?
21. Wie kommt man an den Beginn der Zeile?
22. Wie springt man zum nächsten Wort?
23. Wie zum vorhergehenden Wort?

Navigation innerhalb einer Textdatei
24. Starten Sie den *vi* und geben Sie der Datei den Namen *andereDatei*.
25. Wechseln Sie in den Einfügemodus und geben Sie mehrere Textzeilen ein. Achten Sie bitte darauf, dass Sie sowohl Sätze als auch Abschnitte einfügen.
26. Navigieren Sie nun mittels der Pfeiltasten innerhalb der Textdatei.
27. Verwenden Sie nun die Cursortasten, um zu navigieren.
28. Gehen Sie nun wortweise innerhalb des Textes vor und zurück.
29. Springen Sie nun jeweils zu Beginn bzw. Ende eines Satzes.
30. Platzieren Sie sich jeweils direkt an den Anfang bzw. das Ende eines Abschnitts.
31. Speichern Sie die Datei *andereDatei* und verlassen Sie den *vi*.

Einfügen und Löschen im vi
32. Wie lässt sich eine vollständige Zeile im vi löschen?
33. Wie kann man ein Zeichen löschen?
34. Was muss eingegeben werden, um in den Einfügemodus zu gelangen?
35. Wie kann eine ganze Zeile eingefügt werden?
36. Wie kann ein Zeichen vor bzw. nach dem Cursor eingefügt werden?

Texte im *vi* editieren
37. Rufen Sie den Texteditor *vi* auf.
38. Schalten Sie den Einfügemodus ein. Wechseln Sie zum Kommandomodus und wieder zurück in den Einfügemodus. Geben Sie nun drei beliebige Textzeilen ein.
39. Navigieren Sie innerhalb der eingegebenen Textzeilen hin und her. Benutzen Sie dabei abwechselnd die Pfeiltasten und die Tasten *h,j,k,l* zur Navigation.
40. Löschen Sie ein Zeichen, ein Wort und eine Zeile.
41. Fügen Sie über bzw. unter der aktuellen Cursorposition jeweils eine Zeile ein.
42. Speichern Sie den aktuellen Stand ab und verlassen sie den *vi*.

Texteditor vi aufrufen und die Datei editieren
43. Aufruf des Texteditors *vi* mit dem vorherigen Dateinamen *eineDatei*.
44. Bewegen Sie sich zum Ende der Zeile. Welche Alternativen haben Sie?
45. Fügen Sie eine neue Zeile über oder unter der aktuellen Zeile ein.
46. Schreiben Sie einige Wörter.
47. Positionieren Sie den Cursor beim nächsten Wort.
48. Fügen Sie ein neues Wort vor dem Cursor ein und dann nach dem Cursor ein.
49. Speichern Sie den aktuellen Stand ab.
50. Löschen Sie eine Zeile.
51. Gehen Sie zurück in den Kommandomodus.
52. Speichern Sie den aktuellen Stand ab.
53. Verlassen Sie den *vi*.

Text löschen und Änderungen rückgängig machen

54. Aufruf von *eineDatei* durch den Texteditor *vi.*
55. Positionieren Sie sich in der zweiten Zeile der Datei und löschen Sie diese.
56. Machen Sie diese Änderung wieder rückgängig.
57. Löschen Sie das Zeichen vor dem Cursor.
58. Ersetzen Sie das aktuelle Zeichen unter dem Cursor durch Y.
59. Löschen Sie nun das aktuelle Zeichen unter dem Cursor.
60. Stellen Sie die aktuelle Zeile wieder her.
61. Verlassen Sie den vi ohne die Änderungen abzuspeichern.

Speichern der Datei

62. Rufen Sie den Texteditor *vi* (ohne Dateinamen) auf.
63. Aktivieren Sie den Eingabemodus. Geben Sie einen beliebigen Text ein.
64. Wechseln Sie in den Kommandomodus.
65. Speichern Sie den aktuellen Stand des vi unter dem Dateinamen *eineDatei* ab.
66. Speichern Sie den aktuellen Stand unter einem anderen Namen, z. B. *zweiteDatei.*
67. Verlassen Sie den *vi.*

Optionen, um den vi zu verlassen

68. Wie lautet die Systematik, um sich die entsprechenden Befehle zu merken?
69. Wie verlassen Sie den *vi*, ohne abzuspeichern?
70. Wie speichern Sie die Datei ab und verlassen den *vi*?

Was bedeuten die folgenden Befehlssequenzen?

71. *:w*
72. *:wq*
73. *i dd*
74. *a O*
75. *ESC*
76. *x, dw*
77. *u*
78. *dd*
79. *vi einText*
80. *vi -R einText*
81. *:w!*
82. *U*
83. *)*
84. *{*
85. *w*
86. *:q!*

4.10   Lösungen

Grundkonzepte des vi

1. Der *vi* und seine zahlreichen Varianten bzw. Klone sind Texteditoren, d. h. sie erlauben die Bearbeitung und Speicherung größerer Textdateien. Sie sind keine Textverarbeitung, denn sie ermöglichen nicht die Gestaltung des Layouts oder die Integration komplexer Funktionalitäten, wie z. B. Fußnoten, Grafiken, Index, Inhaltsverzeichnis, Tabellen. Alternativen zum *vi* sind Editoren wie der Emacs, die eine ähnliche Fülle von Funktionen anbieten.

2. Man benötigt einen Texteditor, da alle bisherigen Kommandos sich nur mit der Anzeige von Dateien beschäftigt haben. Ein Editor erlaubt aber auch die Erstellung bzw. die Modifikation von Dateien. Übrigens, auch den vi kann man zur Anzeige von Dateien verwenden.

3. Moderne Versionen des *vi*, z. B. der vim, unterstützen auch die Maus. Der *vi* kann aber prinzipiell auch ohne jegliche Mausunterstützung benutzt werden.

4. Der *vi* ist ein befehlsorientierter Texteditor, d. h. es werden über die Tastatur Befehle eingeben, die dann vom *vi* ausgeführt werden. Je mehr Befehle man kennt, umso einfacher und komfortabler kann man den *vi* benutzen.

5. Im Kommandomodus werden die Befehle entgegen genommen und ausgeführt. Durch die *ESC-Taste* (*Escape*) gelangt man wieder zurück in den Kommandomodus.

6. Im Einfügemodus wird jeder Tastendruck als einzufügendes Zeichen interpretiert und entsprechend in die Datei geschrieben. Dies bedeutet für den Benutzer, dass er ganz normal seinen Text eintippen kann und er nur durch die *ESC-Taste* wieder zurück in den Kommando-Modus kommt.

7. Die wichtigsten Befehlskategorien sind:
   * das Einfügen von Texten
   * die Navigation innerhalb der Datei
   * die Löschung und Ersetzung von Zeichen, Wörtern und Zeilen
   * die Speicherung der Datei und das Verlassen des *vi*

8. Es gibt keine übergreifende Systematik der Befehle, aber man sollte versuchen für einzelne Befehlskategorien die Strukturierung nachzuvollziehen und vor allem durch regelmäßigen Gebrauch des vi die grundlegenden Kommandos zu erlernen.

Starten des Texteditors vi

9. Der *vi* wird entweder ohne oder mit einem Dateinamen zusammen aufgerufen. Eine Variante ist der Gebrauch der Option *-R*, die dafür sorgt, dass die Datei nur im schreibgeschützten Modus gelesen, aber nicht verändert werden kann.

10. Man ruft den *vi* zusammen mit der Datei auf, ggf. mit der Option *-R* für den schreibgeschützten Modus.

11. Schreibgeschützte Dateien können gelesen, aber nicht verändert werden (*view* o. *vi -R*).

12. Falls die Datei nicht existiert, wird diese entsprechende Datei angelegt.

Aufruf des Texteditors vi

13. Der Texteditor *vi* kann ohne oder direkt mit einem Dateinamen aufgerufen werden, also *vi eineDatei* oder *vi*. Im ersten Fall wird der Inhalt dann später in *eineDatei* abgespeichert.

14. Der *vi* befindet sich zuerst im Kommandomodus.

15. *vi*

    Wechsel in den Eingabemodus und es wird dann ein Text eingegeben

    :q!

16. *vi eineDatei*

    Es geht jetzt um die Veränderung eines existierenden Textes.

    :q!

Sich im Texteditor vi bewegen

17. Man kann sich innerhalb der Datei auf vielfältige Arten bewegen. Die einfachste Art und Weise ist die Pfeiltasten ($\leftarrow,\downarrow,\uparrow,\rightarrow$) oder die Tasten *h, j, k, l* zu verwenden. Weiterhin gibt es spezielle Kommandos, um an den Anfang bzw. das Ende eines Satzes oder Abschnitts zu springen oder sich wortweise vor oder zurück zu bewegen.

18. Die Pfeiltasten ($\leftarrow,\downarrow,\uparrow,\rightarrow$) sind auf der Tastatur besonders hervorgehoben, da sie der Cursorsteuerung dienen. Als Alternative kann man die Tasten *h, j, k, l* verwenden.

19. Die Tasten *h, j, k, l* sind einfach zu merken, da sie auf der Tastatur nebeneinander liegen. Insofern muß man sich nur den Beginn, d. h. die Taste *h*, erinnern.

20. Das spezialisierte Kommando ist: *$* (Alternativ: die Pfeiltasten ($\leftarrow,\downarrow,\uparrow,\rightarrow$) oder *h, j, k, l*)

21. Das spezialisierte Kommando ist: *0* (Alternativ: die Pfeiltasten ($\leftarrow,\downarrow,\uparrow,\rightarrow$) oder *h, j, k, l* l)

22. Das spezialisierte Kommando ist: *w* (Alternativ: die Pfeiltasten ($\leftarrow,\downarrow,\uparrow,\rightarrow$ oder *h, j, k, l*)

23. Das spezialisierte Kommando ist: *b* (Alternativ: die Pfeiltasten ($\leftarrow,\downarrow,\uparrow,\rightarrow$) oder *h, j, k, l*)

Navigation innerhalb einer Textdatei

24. vi *andereDatei*

25. Die Textzeilen können mittels *i* oder *a* eingefügt werden.

26. $\leftarrow,\downarrow,\uparrow,\rightarrow$

27. *h, j, k, l*

28. Sie gehen mit *w* bzw. *b* wortweise vor und zurück.

29. Mit *(* bzw. *)* gehen Sie zum Anfang bzw. Ende eines Satzes.

30. Durch *{* bzw. *}* kommen Sie zum Anfang bzw. Ende eines Abschnitts.

31. *:wq*

Einfügen und Löschen im vi

32. *dd*

33. *x*

34. *i* oder *a*

35. *o* oder *O*

36. i oder *a*

Texte im vi editieren

37. vi eineTextDatei

38. *a* oder *i* ; *ESC-Taste* ; *a* oder *i* ; *<Eingabe beliebiger Textzeilen>*
39. Verwendung der Pfeiltasten und die Tasten *h, j, k, l* zur Navigation
40. *x, dw, dd*
41. *o, O*
42. *:wq*

Texteditor vi aufrufen und die Datei editieren
43. *vi eineDatei*
44. Pfeiltasten (←,↓,↑,→) oder *h, j, k, l* oder *<mehrmals>* *w, {*
45. *O* oder *o*
46. *<Eingabe eines Textes>*
47. *w*
48. *i* *<ein Wort>*, *a* *<anderes Wort>*
49. *:w*
50. *dd*
51. *ESC-Taste*
52. *:w*
53. *:wq* oder *:q!*

Text löschen und Änderungen rückgängig machen
54. *vi eineDatei*
55. Pfeiltasten (←,↓,↑,→) oder *h, j, k, l* oder *vi +2 einVersuch* , dann *dd*
56. *u*
57. *X*
58. *r Y*
59. x
60. U
61. :q!

Speichern der Datei
62. *vi*
63. *a* oder *i*   *<Eingabe eines Textes>*
64. *ESC-Taste*
65. *:w eineDatei*
66. :w ZweiteDatei
67. *:wq* oder *:q!*

Optionen, um den vi verlassen
68. Um in den Modus zum Speichern und Verlassen des vi zu gelangen, muß zuerst „:" ein-
    gegeben werden. Danach ist im Regelfall die Kombination von *q* (engl. quit) und *w* (engl.
    write) ausreichend.
69. *:q!*
70. *:wq* , sofern der Dateiname schon festgelegt wurde.

Was bedeuten die folgenden Befehlssequenzen?

71. Speichern des aktuellen Stands des *vi*

72. Speichern der Datei und Verlassen des *vi*

73. Einfügen der Buchstabenkette *dd* vor dem Cursor

74. Einfügen des Buchstabens *O* hinter dem Cursor

75. Wechsel in den Kommandomodus

76. Löschen eines Zeichens und eines Wortes

77. Rückgängig machen der letzten Änderung

78. Löschen der aktuellen Zeile

79. Aufruf des *vi* mit der Datei *einText*

80. Aufruf des *vi* mit der Datei *einText* im Lesemodus

81. Speichern der aktuellen Datei (trotz Schreibschutz)

82. Die Zeile wird wieder hergestellt.

83. Sprung zum Ende des Satzes.

84. Sprung zum Anfang des Abschnitts.

85. Bewegung zum vorherigen Wort.

86. Verlassen des *vi*, ohne Speichern des aktuellen Stands

5   Suchen und sortieren

Bei der Suche handelt es sich zum einen, um die Suche nach Dateien anhand von definierten Eigenschaften, mittels des Kommandos *find*, und zum anderen, um die Suche von Zeichenketten innerhalb von Dateien, durch den Befehl *grep*. Im ersten Fall suchen z. B. Systemadministratoren nach Dateien eines Benutzers oder nach Dateien, die zu einem bestimmten Zeitpunkt erzeugt oder verändert wurden, und die über das gesamte Dateisystem verteilt sein können. Im zweiten Fall ist z. B. ein Programmierer oder Administrator daran interessiert, ob ein Variablenname in bestimmten Dateien vorkommt und falls ja, wo. Daneben ist die automatische Sortierung von Datensätzen und Dateien mittels *sort* der dritte große Schwerpunkt dieses Kapitels.

Die Herausforderung dieses Kapitels liegt in der Beherrschung vieler Optionen einiger weniger Befehle (*find*, *grep*, *sort*). Es geht darum diese grundlegenden Befehle mit ihren Optionen anwenden zu können, getreu dem Motto „weniger ist mehr".

Lernziele
Wenn Sie die folgenden Abschnitte erfolgreich bearbeitet haben, dann können Sie

- Dateien anhand bestimmter Eigenschaften suchen (*find*)
- Zeichenketten innerhalb von Dateien suchen (*grep*)
- Datensätze und Dateien sortieren (*sort*)

5.1   Grundlegende Konzepte

In diesem Kapitel gibt es zwei grundlegende Suchfunktionen, die aber völlig unterschiedlich sind. Mit dem ersten Suchbefehl, *find*, wird im Dateisystem nach Dateien nur aufgrund deren Eigenschaften gesucht, völlig unabhängig vom Inhalt. Eine typische Eigenschaft ist z. B. der Dateiname, d. h. es kann mittels *find* nach allen Dateien gesucht werden, die den Begriff *tux* oder *linux* enthalten. Weitere Dateieigenschaften können z. B. der Dateityp (Datei oder Verzeichnis), der letzte Zugriffszeitpunkt oder die Dateigröße sein. Die Ausgabe ist hierbei immer der (absolute) Dateipfad, dies bedeutet es werden alle Dateien angezeigt, die diese Dateieigenschaften erfüllen. Die entscheidenden Argumente sind zum einen der Ausgangspunkt, von dem aus das Dateisystem nach den Dateien durchsucht wird und zum anderen die zahlreichen Dateieigenschaften.

Mit dem zweiten Suchbefehl, *grep*, werden nur Dateiinhalte durchsucht, d. h. die beiden wesentlichen Suchargumente sind zum einen die zu suchende Zeichenkette und zum anderen die Dateien, deren Inhalte durchsucht werden sollen. Die Ausgabe variiert abhängig von den Optionen, indem die Dateizeile, die Anzahl der positiven Vorkommen oder nur die Dateinamen, in denen die Zeichenkette gefunden wurde, angezeigt werden.

Fazit:

Der Befehl *find* sucht im Dateisystem nach Dateien nur aufgrund deren Eigenschaften und *grep* sucht nach Dateiinhalten.

5.2   Suche nach Dateieigenschaften (find)

Häufig sucht man Dateien nach ihrem Dateinamen oder Dateien, die von einem bestimmten Benutzer oder in einem definierten Zeitraum verändert oder erstellt wurden. Der Befehl *find* bildet die Basis, um Dateien anhand ihrer Eigenschaften, z. B. Benutzer, Erstellungsdatum, Zeitpunkt des letzten Zugriffs oder der letzten Veränderung, zu bestimmen.

Aufgrund der Vielzahl von Optionen ist es wichtig, diese Optionen in Kategorien aufzuteilen um so eine bessere Übersicht zu erhalten. In diesem Sinne sind die entscheidenden Suchkategorien (1) der Dateiname, (2) der Zugriffs-, Änderungs- und Erzeugungszeitpunkt der Datei und (3) die Dateigröße, wobei das Anfangsverzeichnis ein obligatorischer Parameter ist und daneben noch weitere Kategorien (z. B. Dateityp) existieren.

Die Kategorie Name kann den Benutzernamen, den Gruppennamen oder den Dateinamen enthalten. Der Dateityp fällt ein wenig aus der Reihe, ist aber sinnvoll, falls z. B. zwischen Dateien und Verzeichnissen unterschieden werden muss.

Die nächste Kategorie ist der Zeitpunkt für den Zugriff auf eine Datei (engl. acess time), die Veränderung (engl. modification time) oder Erzeugung einer Datei (engl. creation time), der in Form von Tagen oder über die Referenz einer Datei definiert werden kann. Den Zahlenangaben kann ein − oder + vorangestellt werden, z.B. −atime -5, wobei − <Zahl> „innerhalb der letzten <Zahl> Tage" und + <Zahl> „länger als <Zahl> Tage" bedeutet. Fehlt das - oder +, so sind genau <Zahl> Tage gemeint.

Die Dateigröße bildet die dritte Kategorie, wobei die Größe in unterschiedlichen Formaten, z. B. Blöcke oder KB, angegeben werden kann. Hier ist es ebenfalls möglich den Zahlenangaben ein − oder + voranzustellen, wobei ein − „weniger als" und ein + „mehr als" bedeutet.

Aufgrund der Tatsache, dass die Dateisuche in der Regel sehr aufwändig ist, ist es außerordentlich wichtig, den Suchraum weitgehend einzuschränken, indem das Anfangsverzeichnis, von dem die Unterverzeichnisse aus durchsucht werden, sinnvoll gewählt wird.

Falls mehrere Suchkriterien angegeben sind, so sind diese implizit mit einem logischen UND verknüpft, was bedeutet, dass die zu suchenden Dateien alle Kriterien erfüllen müssen.

Befehl

`find <Anfangsverzeichnis> <Optionen>` sucht Dateien nach Eigenschaften

Optionen

`-user <Benutzer-name>`	Dateien von *<Benutzername>*
`-group <Gruppen-name>`	Dateien von *<Gruppenname>*
`-name '<Dateiname>'`	Dateien namens *<Dateiname>*, wobei auch wild cards verwendet werden können
`-type <Dateityp>`	Dateien des Typs *<Dateityp>*, wobei gültige Werte: *d* für Verzeichnisse, *f* für Dateien und *l* für Links sind
`-atime <n Tage>`	Dateien, die vor *n Tagen* gelesen wurden (access time)
`-ctime <n Tage>`	Dateien, die vor *n Tagen* erzeugt wurden (creation time)
`-mtime <n Tage>`	Dateien, die vor *n Tagen* verändert wurden (modification time)
`-size <Zahl>`	Dateien, deren Größe als *<Zahl>* in Blöcken (b), Bytes (c) oder KiloBytes (k) angegeben werden kann
`-empty`	leere Dateien
`-help`	Übersicht der Befehlsoptionen

Beispiele

`find .` `—name 'test.txt'`	sucht im aktuellen Verzeichnis und dessen Unterverzeichnissen nach Dateien namens *test.txt*
`find` `—name 'test.txt'`	das aktuelle Verzeichnis wird als Standard angenommen und kann deshalb auch weg gelassen werden
`find /` `—name 't*.txt'`	sucht ausgehend vom obersten Verzeichnis (Wurzel) des Dateisystems und danach in dessen Unterverzeichnissen nach Dateien die mit *t* beginnen und die Dateiendung *.txt* haben,
`find`	sucht im Verzeichnis */home/user/Tux* des Dateisystems und

`/home/user/Tux` `-name 'test.txt'`	dessen Unterverzeichnissen nach Dateien namens *test.txt*

`find`
`—name 'test.txt'`
`—user Tux`
	sucht im aktuellen Verzeichnis und dessen Unterverzeichnissen nach Dateien namens *test.txt* und vom Benutzer *Tux*

`find`
`—name 'test.txt'`
`—atime 5`
	sucht im aktuellen Verzeichnis und dessen Unterverzeichnissen nach Dateien namens *test.txt*, auf die vor genau *5* Tagen zugegriffen wurde,

`find /`
`—name 'test.txt'`
`—atime +10`
	sucht im obersten Verzeichnis des Dateisystems und dessen Unterverzeichnissen nach Dateien namens *test.txt*, auf die vor mehr als 10 Tagen zugegriffen wurde,

`find`
`—name 'test.txt'`
`—ctime -10`
	sucht im aktuellen Verzeichnis und dessen Unterverzeichnissen nach Dateien namens *test.txt*, die innerhalb der letzten 10 Tagen generiert wurden,

`find /`
`—name 't*'`
`—mtime +10`
	sucht nach Dateien, deren Namen mit *t* beginnen, die vor mehr als 10 Tagen verändert wurden, im obersten Verzeichnis des Dateisystems und dessen Unterverzeichnissen

`find /`
`-name 't*'`
`—size +10b`
	sucht im obersten Verzeichnis des Dateisystems und dessen Unterverzeichnissen nach Dateien die mit *t* beginnen und die größer als 10 Blöcke sind,

`find /`
`-name 't*'`
`—size -10c`
	sucht im obersten Verzeichnis des Dateisystems und dessen Unterverzeichnissen nach Dateien die mit *t* beginnen und kleiner als 10 Bytes sind,

`find`
`-name 't*'`
`—size +10k`
	sucht im aktuellen Verzeichnis des Dateisystems und dessen Unterverzeichnissen nach Dateien die mit *t* beginnen und größer als 10 Kilobytes sind,

`find —empty`	sucht nach leeren Dateien

Hinweise
- Falls das Ausgangsverzeichnis nicht angegeben wird, dann wird von dem aktuellen Verzeichnis ausgegangen.
- Neben den Optionen *atime*, *ctime* und *mtime*, gibt es auch die Optionen *amin*, *cmin* und *mmin*, die dann aber als Zeiteinheiten in Minuten (und nicht in Tagen) gerechnet werden.
- Es handelt sich bei der Wahl des Anfangsverzeichnisses immer um eine Abwägung. Einerseits, falls das Anfangsverzeichnis zu „hoch" im Dateibaum gewählt wird, dauert die Suche sehr lang. Andererseits, falls das Anfangsverzeichnis zu klein bzw. zu speziell festgelegt wird, könnte es sein, daß die betreffende Datei sich dort nicht befindet.
- Wenn Sie als normaler Benutzer (ohne „root"-Rechte) die Wurzel des Dateisystems als Anfangsverzeichnis bei der Suche definieren, dann führt dies in der Regel zu vielen Feh-

lermeldungen, da *find* versucht auf viele Verzeichnisse zuzugreifen, für die Sie keine Berechtigungen haben. Hier ist es dann hilfreich die Fehlermeldungen in eine separate Datei oder nach */dev/null* umzuleiten.[12]

- Um die rekursive Suche in ihrer Tiefe zu begrenzen kann man die Option *–maxdepth <Zahl>* verwenden, in der man die maximale Tiefe festlegt. Mit *–maxdepth 1* verhindert man eine rekursive Suche in den Unterverzeichnissen.
- Je mehr Suchkriterien Sie angeben, umso schneller erfolgt die Suche, da in der Regel so der Suchraum stärker eingeschränkt wird, da wenige(r) Dateien alle Suchkriterien erfüllen.
- Falls der Dateiname nur ungefähr bekannt ist, ist es sinnvoll den Dateinamen mittels wild cards zu beschreiben, um so den Suchraum einzuengen.

Fazit:

> Der Befehl *find* verfügt über eine Vielzahl von Suchkriterien; deshalb ist es wichtig die Optionen nach den folgenden Kategorien aufzuteilen: (1) der Dateiname, (2) der Zugriffs-Änderungs- und Erzeugungszeitpunkt der Datei sowie (3) die Dateigröße. Ein wichtiger Parameter ist dabei das Ausgangsverzeichnis, von dem aus die Suche beginnt.

5.3   Suche in Textdateien (grep)

Die Suche nach Zeichenketten innerhalb von Dateien mittels des *grep* Befehls ist für Softwareentwickler und Administratoren eine der wichtigsten Funktionen. Ebenso wie bei *find*, sind hier die zahlreichen Optionen entscheidend welche erst die vielfältigen Einsatzmöglichkeiten ergeben. Die Basisversion gibt die Zeilen einer Datei aus, die den Ausdruck enthalten.

Die Option *-l* gibt nur die Dateinamen, nicht aber die einzelnen Zeilen aus. Das Gegenstück ist *-L*, das die Dateinamen anzeigt, die nicht den Ausdruck enthalten. Die Anzahl der passenden Zeilen wird durch *-c* berechnet („count"), bei *-i* wird die Groß- und Kleinschreibung ignoriert („ignore") und bei *-r* werden auch alle Unterverzeichnisse rekursiv untersucht („recursive"). Mit *-w* bzw. *-x* werden nur Zeilen ausgewählt, bei denen ein ganzes Wort bzw. die ganze Zeile auf den Ausdruck passt.

Befehl

```
grep <Optionen> <Ausdruck> <Dateien>  sucht Ausdruck in Dateien
```

---

[12] Für die Details wird auf den Abschnitt „Umleitung von Ein-/Ausgaben" im Kapitel 6 „Kommandointerpreter bash" verwiesen.

Optionen

grep -l	gibt nur Dateinamen aus, die den Ausdruck enthalten
grep —L	gibt nur Dateinamen aus, die den Ausdruck nicht enthalten
grep —c	gibt Anzahl der passenden Zeilen aus
grep —i	ignoriert Groß- und Kleinschreibung
grep —r	durchsucht rekursiv auch alle Unterverzeichnisse
grep —w	ganzes Wort muss den Ausdruck erfüllen
grep —x	ganze Zeile muss den Ausdruck erfüllen
grep —v	gibt Zeilen aus, die den Ausdruck nicht erfüllen

Beispiele

grep hallo *	berechnet, wo *hallo* in allen Dateien des aktuellen Verzeichnisses vorkommt
grep hallo *.txt	ermittelt, wo *hallo* in der Datei test.txt vorkommt
grep hallo t*.txt	identifiziert, wo das Wort *hallo* in den Dateien, die mit *t* beginnen und mit *.txt* enden, vorkommt
grep h?llo t*.txt	berechnet, wo der Ausdruck *h?llo* in den Dateien, die mit *t* beginnen und mit *.txt* enden, vorkommt, wobei ? ein beliebiges Zeichen ist
grep —i hallo t*.txt	berechnet wo das Wort *hallo* in den Dateien, die mit *t* beginnen und mit *.txt* enden vorkommt, wobei die Groß- und Kleinschreibung hierbei ignoriert wird
grep —l hallo t*.txt	gibt von allen Dateien, die mit mit *t* beginnen und mit *.txt* enden, diejenigen aus, die das Wort *hallo* enthalten
grep —L hallo t*.txt	gibt von allen Dateien, die mit mit *t* beginnen und mit *.txt* enden, all diejenigen aus, die das Wort *hallo* nicht enthalten
grep —c hallo t*.txt	gibt aus, wieviele Zeilen den Ausdruck *hallo* in Dateien, die mit *t* beginnen und mit *.txt* enden, enthalten
grep —lr hallo t*.txt	gibt nur die Namen der Dateien aus, die *hallo* enthalten, wobei die Verzeichnisse rekursiv durchsucht werden
grep —il hallo	gibt von allen Dateien, die mit mit *t* beginnen und mit *.txt* en-

t*.txt	den, diejenigen aus, die das Wort *hallo* enthalten, wobei die Groß- und Kleinschreibung hierbei ignoriert wird

Ein- und Ausgaben auf dem Terminal

grep hallo *.java	test1.java:hallo
	test3.java:hallo
	test3.java:und nochmals hallo
	test3.java:hallo hallo
	test3.java:hallo
grep -c hallo *.java	test1.java:1
	test2.java:0
	test3.java:4
grep h*lo test?.java	test1.java:hallo
	test3.java:hallo
	test3.java:und nochmals hallo
	test3.java:hallo hallo
	test3.java:hallo

Hinweise
- <Ausdruck> beschreibt eine Zeichenkette, die wild cards enthalten kann, aber nicht muß.
- Die Optionen können, anders als bei dem *find* Befehl, nicht einfach miteinander kombiniert werden, so schließen sich z. B. die Optionen *-l* und *-L* bzw. *-x* und *-w* gegenseitig aus. Die Optionen *-r* und *-i* hingegen können ohne Probleme hinzugefügt werden, denn sie beeinflussen nur die Auswahl der Dateien bzw. die Berücksichtigung der Groß- und Kleinschreibung.
- Bei der Auswahl der Dateien, auf die das *grep* Kommando angewendet werden kann, kommen die üblichen wild cards der bash in Frage.
- Neben dem *grep* Befehl stehen übrigens noch ein *egrep* und ein *fgrep* Befehl zur Verfügung, wobei diese sich im wesentlich in der Definition der Suchausdrücke unterscheiden.

Fazit:

> Der *grep* Befehl sucht nach Textausdrücken innerhalb von Dateiinhalten. Die wichtigsten Suchkriterien sind hierbei: (1) die Berücksichtigung von Klein- und Großschreibung, (2) die Nutzung von wild cards, (3) das Erfüllen oder Nichterfüllen des Suchausdrucks sowie (4) die Tatsache, dass entweder ein Wort oder die ganze Zeile auf den Suchausdruck passt. Für die Auswahl der zu untersuchenden Dateien können ebenfalls wild cards verwendet werden.

5.4   Sortieren (sort)

Das Sortieren von Datensätzen nach verschiedenen Kriterien, z. B. alphabetisch, numerisch, ist eine der häufigsten Funktionen des Computers. Das *sort* Kommando kann dank seiner Optionen vielfältig variiert werden und so an die jeweiligen individuellen Anforderungen angepasst werden.

Die „numerische Sortierung" orientiert sich an den Zahlenwerten, d. h. zuerst kommt die 1, dann die 2 usw., und nicht an den zugrunde liegenden „Zeichenwerten", die z. B. 11 vor 5 einordnet. Diese numerische Sortierung wird durch die Option *-n* aktiviert, die Umkehrung der Sortierung, von den großen zu den kleinen Werten, wird durch *-r* („reverse") erreicht. Die Groß- und Kleinschreibung wird durch *-f* ignoriert.

Häufig hat man verschiedene Spalten mit Daten zur Auswahl, wobei die erste Spalte in der Regel nicht das Ordnungskriterium darstellt.

Der *ls -l* Befehl generiert als Ausgabe z. B. das lange Dateiformat, in dem mehrere Zeilen mit Benutzerrechten, der Benutzergruppe, der Dateigröße und dem Dateinamen aufgelistet werden. Möchte man diesen Datensatz sortieren, so wäre das primäre Ordnungskriterium der Dateityp und dann die Benutzerrechte. Falls man aber die Dateien nach ihrer Größe sortieren möchte, dann ist es notwendig die entsprechende Spalte auszuwählen und diese als Ordnungskriterium zu verwenden. Die Option *-k* legt mittels <Position1>, <Position2> alle Positionen zwischen Position 1 und Position 2 als Ordnungskriterien für die Sortierung fest.

Befehl

`sort <Optionen> <Datensätze>` sortiert Datensätze

Optionen

`sort -n`	sortiert numerisch (und nicht alphabetisch)
`sort -f`	sortiert ohne Berücksichtigung von Groß- und Kleinschreibung

| sort —r | sortiert in abfallender Ordnung (vom Größten zum Kleinsten) |
| sort —k Positi-on1, Position2 | \<Position1\>, \< Position2\> nimmt als Sortierkriterien die Positionen, die zwischen Position 1 und Position 2 liegen |

Beispiele

sort daten.txt	sortiert die Datei daten.txt nach den Standardkriterien
sort —n da-ten.txt	sortiert die Datei daten.txt numerisch
sort —f da-ten.txt	sortiert die Datei *daten.txt* ohne Berücksichtigung von Groß- und Kleinschreibung
sort —r da-ten.txt	sortiert die Datei *daten.txt* in umgekehrter Ordnung
sort —nr da-ten.txt	sortiert die Datei *daten.txt* in umgekehrter Ordnung numerisch
sort —k 4,5 daten.txt	sortiert die Datei *daten.txt*, wobei es als Sortierkriterieren die 4. und 5. Positionen nimmt

Ein- und Ausgaben auf dem Terminal

```
less verzliste

-rw-r--r--  1 kessel dozwi     0 15. Jun 15:21 andereDatei

-rw-r--r--  1 kessel dozwi  3293 15. Jun 15:21 daten.txt

-rw-r--r--  1 kessel dozwi   627 15. Jun 15:20 eineDatei

-rw-r--r--  1 kessel dozwi    41 15. Jun 15:20 test1.java

-rw-r--r--  1 kessel dozwi    47 15. Jun 15:20 test2.java

-rw-r--r--  1 kessel dozwi    43 15. Jun 15:20 test3.java

drwxr-xr-x  2 kessel dozwi  4096 15. Jun 15:21 unterverz

drwxr-xr-x  2 kessel dozwi  4096 15. Jun 15:21 unterverz1

-rw-r--r--  1 kessel dozwi     0 15. Jun 15:22 verzliste

sort verzliste

drwxr-xr-x  2 kessel dozwi  4096 15. Jun 15:21 unterverz
```

```
drwxr-xr-x  2 kessel dozwi 4096 15. Jun 15:21 unterverz1

-rw-r--r--  1 kessel dozwi    0 15. Jun 15:21 andereDatei

-rw-r--r--  1 kessel dozwi    0 15. Jun 15:22 verzliste

-rw-r--r--  1 kessel dozwi 3293 15. Jun 15:21 daten.txt

-rw-r--r--  1 kessel dozwi   41 15. Jun 15:20 test1.java

-rw-r--r--  1 kessel dozwi   43 15. Jun 15:20 test3.java

-rw-r--r--  1 kessel dozwi   47 15. Jun 15:20 test2.java

-rw-r--r--  1 kessel dozwi  627 15. Jun 15:20 eineDatei
```

```
sort -r verzliste
```

```
-rw-r--r--  1 kessel dozwi  627 15. Jun 15:20 eineDatei

-rw-r--r--  1 kessel dozwi   47 15. Jun 15:20 test2.java

-rw-r--r--  1 kessel dozwi   43 15. Jun 15:20 test3.java

-rw-r--r--  1 kessel dozwi   41 15. Jun 15:20 test1.java

-rw-r--r--  1 kessel dozwi 3293 15. Jun 15:21 daten.txt

-rw-r--r--  1 kessel dozwi    0 15. Jun 15:22 verzliste

-rw-r--r--  1 kessel dozwi    0 15. Jun 15:21 andereDatei

drwxr-xr-x  2 kessel dozwi 4096 15. Jun 15:21 unterverz1

drwxr-xr-x  2 kessel dozwi 4096 15. Jun 15:21 unterverz

-rw-r--r--  1 kessel dozwi   47 15. Jun 15:20 test2.java

-rw-r--r--  1 kessel dozwi  627 15. Jun 15:20 eineDatei

drwxr-xr-x  2 kessel dozwi 4096 15. Jun 15:21 unterverz

drwxr-xr-x  2 kessel dozwi 4096 15. Jun 15:21 unterverz1
```

```
sort -k 2 -n -r verzliste
```

```
drwxr-xr-x  2 kessel dozwi 4096 15. Jun 15:21 unterverz1

drwxr-xr-x  2 kessel dozwi 4096 15. Jun 15:21 unterverz

-rw-r--r--  1 kessel dozwi  627 15. Jun 15:20 eineDatei

-rw-r--r--  1 kessel dozwi   47 15. Jun 15:20 test2.java

-rw-r--r--  1 kessel dozwi   43 15. Jun 15:20 test3.java
```

-rw-r--r--	1 kessel dozwi	41	15. Jun	15:20	test1.java
-rw-r--r--	1 kessel dozwi	3293	15. Jun	15:21	daten.txt
-rw-r--r--	1 kessel dozwi	0	15. Jun	15:22	verzliste
-rw-r--r--	1 kessel dozwi	0	15. Jun	15:21	andereDatei

`sort -k 2 -n  verzliste`

-rw-r--r--	1 kessel dozwi	0	15. Jun	15:21	andereDatei
-rw-r--r--	1 kessel dozwi	0	15. Jun	15:22	verzliste
-rw-r--r--	1 kessel dozwi	3293	15. Jun	15:21	daten.txt
-rw-r--r--	1 kessel dozwi	41	15. Jun	15:20	test1.java
-rw-r--r--	1 kessel dozwi	43	15. Jun	15:20	test3.java
-rw-r--r--	1 kessel dozwi	47	15. Jun	15:20	test2.java
-rw-r--r--	1 kessel dozwi	627	15. Jun	15:20	eineDatei
drwxr-xr-x	2 kessel dozwi	4096	15. Jun	15:21	unterverz
drwxr-xr-x	2 kessel dozwi	4096	15. Jun	15:21	unterverz1

`sort -k 5 -n verzliste` [Beispiel für numerische Sortierung bei Zahlen]

-rw-r--r--	1 kessel dozwi	0	15. Jun	15:21	andereDatei
-rw-r--r--	1 kessel dozwi	0	15. Jun	15:22	verzliste
-rw-r--r--	1 kessel dozwi	41	15. Jun	15:20	test1.java
-rw-r--r--	1 kessel dozwi	43	15. Jun	15:20	test3.java
-rw-r--r--	1 kessel dozwi	47	15. Jun	15:20	test2.java
-rw-r--r--	1 kessel dozwi	627	15. Jun	15:20	eineDatei
-rw-r--r--	1 kessel dozwi	3293	15. Jun	15:21	daten.txt
drwxr-xr-x	2 kessel dozwi	4096	15. Jun	15:21	unterverz
drwxr-xr-x	2 kessel dozwi	4096	15. Jun	15:21	unterverz1

`sort -k 5  verzliste` [Beispiel für nichtnumerische Sortierung bei Zahlen]

-rw-r--r--	1 kessel dozwi	0	15. Jun	15:21	andereDatei
-rw-r--r--	1 kessel dozwi	0	15. Jun	15:22	verzliste

```
-rw-r--r--   1 kessel dozwi 3293 15. Jun 15:21 daten.txt

drwxr-xr-x   2 kessel dozwi 4096 15. Jun 15:21 unterverz

drwxr-xr-x   2 kessel dozwi 4096 15. Jun 15:21 unterverz1

-rw-r--r--   1 kessel dozwi   41 15. Jun 15:20 test1.java

-rw-r--r--   1 kessel dozwi   43 15. Jun 15:20 test3.java

-rw-r--r--   1 kessel dozwi   47 15. Jun 15:20 test2.java

-rw-r--r--   1 kessel dozwi  627 15. Jun 15:20 eineDatei
```

```
sort -k 9  verzliste [Beispiel für Sortierung der Dateina-
men]
```

```
-rw-r--r--   1 kessel dozwi    0 15. Jun 15:21 andereDatei

-rw-r--r--   1 kessel dozwi 3293 15. Jun 15:21 daten.txt

-rw-r--r--   1 kessel dozwi  627 15. Jun 15:20 eineDatei

-rw-r--r--   1 kessel dozwi   41 15. Jun 15:20 test1.java

-rw-r--r--   1 kessel dozwi   47 15. Jun 15:20 test2.java

-rw-r--r--   1 kessel dozwi   43 15. Jun 15:20 test3.java

drwxr-xr-x   2 kessel dozwi 4096 15. Jun 15:21 unterverz

drwxr-xr-x   2 kessel dozwi 4096 15. Jun 15:21 unterverz1

-rw-r--r--   1 kessel dozwi    0 15. Jun 15:22 verzliste
```

Hinweise
* Die Optionen -n, -f, -r können beliebig miteinander kombiniert werden.
* Die Option -c gibt im positiven Fall, d. h. bei vorhandener Sortierung, kein Ergebnis und im unsortierten Fall eine Fehlermeldung aus.
* Die „mächtigste" Option ist –k, denn sie erlaubt eine flexible Definition des Sortierkriteriums. Dies ist besonders interessant, wenn es einen Datensatz mit mehreren Spalten gibt.

Um die Funktionsweise des *sort* Befehls zu verdeutlichen, ist es sinnvoll von einer Datei auszugehen, die aus mehreren Spalten besteht, die jeweils nach verschiedenen Kriterien (z. B. alphabetisch, numerisch, auf-/absteigend) sortiert werden können. Ein Verzeichnisinhalt bietet sich hierfür an, denn er wird aus einigen Spalten gebildet und ein solcher Datensatz ist relativ leicht zu erzeugen.[13]

---

[13] Das entsprechende Kommando lautet: *ls –al > daten.txt* Es erzeugt die Datei *daten.txt*, wobei sie als Inhalt die Auflistung aller Dateien und Verzeichnisse im ausführlichen Format zum Gegenstand hat. Es entspricht der be-

Fazit:

Das *sort* Kommando kann Datensätze (1) alphabetisch, (2) numerisch und (3) in aufsteigender oder abfallender Ordnung sortieren. Eine besondere Fähigkeit von *sort* ist, dass
die Datenpositionen, die für die Sortierung berücksichtig werden, mit der Option *–k* flexibel festgelegt werden können.

5.5   Übungen

Unterschiedliche Suchfunktionen: find vs. grep
1. Beschreiben Sie die Funktion des Befehls *find*.
2. Erläutern Sie das *grep* Kommando.
3. Worin unterscheiden sich beide Befehle, worin liegen die Gemeinsamkeiten?
4. Nennen Sie typische Anwendungsfälle für beide Kommandos (*find*, *grep*).

Grundlagen der Suche (find)
5. Nach welchen Dateieigenschaften kann mittels *find* gesucht werden?
6. Warum ist das Anfangsverzeichnis so wichtig?
7. Welche Abwägungen sind zu berücksichtigen?
8. Wieso kann es häufig zu Fehlermeldungen kommen?
9. Wie kann die Suche mittels der Kriterien eingeschränkt werden?
10. Wie sind die Suchkriterien miteinander verknüpft?
11. Müssen alle Suchkriterien angegeben werden?

Benutzung der Suchoptionen
12. Lesen Sie die *man pages* von *find*. Gibt es noch weitere interessante Optionen, neben
    den, die schon im Theorieteil aufgeführt werden?
13. Was bedeuten die Optionen *atime*, *ctime* und *mtime*?
14. Wie kann das Zeitintervall für Dateizugriffe reduziert werden?
15. Was bedeutet die Option *-empty*?
16. Wie kann die Suche nur auf Dateien oder auf Verzeichnisse beschränkt werden?
17. Wo finden hier wild cards Verwendung?
18. Wie beschreibt man das aktuelle Verzeichnis und seine Unterverzeichnisse?

Konkrete Suche nach einer Datei
19. Welches sind die relevanten Parameter, wenn Dateien nach ihren Eigenschaften gesucht
    werden?

---

kannten *ls –al* Kommandozeile, wobei die Ausgabe, statt auf den Bildschirm, in eine Datei umgeleitet wird. Die
näheren Details werden im Kapitel 6: „Kommandozeileninterpreter bash" erläutert.

20. Geben Sie ein Beispiel für eine solche Suche an.
21. Suchen Sie in Ihrem aktuellen Verzeichnis nach allen Dateien namens *eineDatei*.
22. Suchen Sie nun nach allen Dateien, die das Wort *eine* enthalten.

Suchen Sie nach allen Dateien des Benutzers tux

23. Was ist der Befehl, um nach allen (!) Dateien des Benutzers *tux* suchen zu lassen?
24. Welche Abwägung ist hier entscheidend für die Geschwindigkeit und was ist dafür die Voraussetzung?
25. Wie muss das Kommando modifiziert werden, um nur alle Dateien des Benutzers *tux*, die die Endung *.txt* haben, zu erhalten?
26. Wie kann die Suche beschleunigt werden, falls ich weiß, dass die entsprechenden Dateinamen aus jeweils 4 Zeichen bestehen?
27. Wie können Sie nach leeren Dateien von *tux* suchen?
28. Wie kann man im Verzeichnis */tmp* nach allen Dateien von *tux* suchen? Wie sehen die obigen Befehle bezogen auf das Verzeichnis */tmp* aus?

Suchen Sie nach allen Dateien der Benutzergruppe tuxuser

29. Wie finden Sie alle Dateien, die zur Benutzergruppe tuxuser gehören?
30. Was sind dabei sinnvolle Annahmen?
31. Wie können Sie dabei den Dateityp einschränken, um die Suche zu beschleunigen?
32. Können Sie weitere Kriterien vorschlagen, die die Suchgeschwindigkeit erhöhen?

Suche nach Dateien von tux, auf die in den letzten 5 Tagen zugegriffen wurden

33. Wie bestimmen Sie alle Dateien, auf die innerhalb der letzten fünf Tage zugegriffen wurde?
34. Wie werden die Dateien bestimmt, auf die vor genau (!) fünf Tagen zugegriffen wurde?
35. Was passiert mit Dateien, auf die vor längerer Zeit zugegriffen wurde?
36. Wie sieht der Befehl aus für Dateien, die vor über fünf Tagen erzeugt wurden?
37. Wie kann die Suche auf die Dateien des Benutzers *tux* eingeschränkt werden?
38. Ist es sinnvoll zusätzlich die Benutzergruppe zu berücksichtigen?
39. Wie können die Dateien berechnet werden, auf die innerhalb der letzten 30 Minuten zugegriffen wurde? (Die Option ist in den *man pages* nachzulesen)
40. Berechnen Sie alle Dateien mit der Endung *.txt* und die vor mehr als fünf Tagen verändert wurden?

Suche nach Dateien basierend auf der Dateigröße

41. Wie können alle Dateien gefunden werden, die größer (bzw. kleiner) als 1 Megabyte sind?
42. Können auch leere Dateien gesucht werden und falls ja, wie?
43. Suchen Sie alle Dateien, deren Name mit *tux* beginnt und die kleiner als 1 Kilobyte sind.
44. Wie sieht der vorherige Befehl aus, wenn die Dateigröße genau 1 Kilobyte ist? Ist dies in der Praxis realistisch?
45. Wie können Sie die Suche anpassen, falls die Dateigröße nur in Blöcken ausgedrückt wird?

46. Suchen Sie nach allen Dateien im Verzeichnis */tmp* die größer als 100 Kilobyte sind und zu der Benutzergruppe *tuxuser* gehören?

Grundlagen der Suche von Zeichenketten innerhalb von Dateien (grep)

47. Wie kann man automatisch die Gesamtzahl der Zeilen bestimmen, in denen das Wort vorkommt?
48. Was passiert, falls die Zeichenkette mehrfach in einer Zeile vorkommt?
49. Wie kann ich die Unterscheidung zwischen Groß- und Kleinschreibung aktivieren? Was ist die Standardeinstellung? Warum ist dies sinnvoll?
50. Wie erhalte ich nur die Dateinamen in denen der Ausdruck vorkommt? Was passiert bei mehrfachem Vorkommen?
51. Wie kann sichergestellt werden, dass die komplette Zeile der Zeichenkette entspricht? Wie kann es nur auf ein Wort beschränkt werden?
52. Woran werden in einer Zeile die einzelnen Worte einer Datei erkannt?
53. Wie könnte eine „negierte Suche" aussehen? Ist so etwas sinnvoll? Worin besteht sie?
54. Wie kann die Suche auf ein Verzeichnis eingeschränkt werden? Wie kann sie auch auf Unterverzeichnisse ausgedehnt werden?
55. Worin unterscheiden sich die unterschiedlichen *grep* Kommandos?

Optionen bei der Suche von Zeichenketten innerhalb von Dateien

56. Was sind die entscheidenden Argumente für die Suche von Zeichenketten?
57. Wie kann ich die Auswahl der Dateien beeinflussen?
58. Wie lege ich den Verzeichnispfad der zu durchsuchenden Dateien fest?
59. Was definiert die Ausgabe der Ergebnisse?
60. Wie und wo kann ich die wild cards einsetzen?

Suche nach *hallo* in beliebigen Dateien

61. Definieren Sie die Suche nach der Zeichenkette *hallo* in allen Dateien des aktuellen Verzeichnisses.
62. Begrenzen Sie nun die Suche auf Dateien in denen der Begriff *eine* vorkommt.
63. Werden immer nur vollständige Wörter von *hallo* gefunden?
64. Wie können auch Varianten von *hallo* bzgl. Groß- und Kleinschreibung erkannt werden?
65. Wie sieht eine Zusammenfassung der Ergebnisse aus?
66. Kann die Suche auf das aktuelle Verzeichnis begrenzt bleiben oder wird es automatisch rekursiv angewendet?

Suche von Zeichenketten in verschiedenen Verzeichnissen

67. Suchen Sie nach *hallo* in verschiedenen Verzeichnissen.
68. Wie kann die Suche in den verschiedenen Verzeichnissen beschleunigt werden?

Suche von Zeichenketten und deren Ausgabe

69. Welches Problem tritt ein, falls das gesuchte Wort beinahe in jeder Zeile vorkommt?
70. Was sind mögliche alternative Strategien für die Suche bzw. für die Ausgabe, falls das Wort beinahe überall vorkommt?
71. Wie können Sie die textuelle Ausgabe reduzieren?

72. Welche Optionen haben Sie zur Einschränkung der Suche, wenn Sie wissen, dass die Zeichenkette normalerweise einzeln bzw. separat auftaucht?

Negation der Suche von Zeichenketten
73. Kann die Suche nach einem Vorkommen der Zeichenkette „negiert" werden, also wird die Zeile nur dann ausgegeben, falls die Zeichenkette nicht vorhanden ist?
74. Wie verhalten sich diesbezüglich die anderen Optionen bei einer Negation?

Sortieren von Datensätzen (sort)
75. Wie erfolgt normalerweise die Sortierung?
76. Was ist ein Sortierkriterium und welche gibt es davon?
77. Was ist die Sortierordnung und warum ist diese wichtig?
78. Wie kann die Sortierordnung geändert werden und wie ist sie als Standard definiert?
79. Wie ist vorzugehen, falls mehrere Spalten in einem Datensatz vorliegen?
80. Was ist unter numerischer Sortierung zu verstehen, im Gegensatz zur alphabetischen?

Sortieren des Datensatzes
81. Was sind die wichtigsten Optionen?
82. Was wird beim Sortieren immer benötigt?
83. Wie werden die Sortierkriterien festgelegt und wie sind sie normalerweise?

Sortieren nach Kriterien
84. Sortieren Sie bitte einen Datensatz nach dem Standard-Sortierkriterium.
85. Sortieren Sie bitte Datensätze nach numerischen Kriterien.
86. In welchen Fällen erzeugt dies einen Unterschied zum „Normalfall"?
87. Kehren Sie die übliche Größenordnung beim Sortieren um.

Sortieren von Datensätzen, die aus Feldern bestehen
88. Wie wird generell sortiert, falls ein Datensatz aus mehreren Feldern besteht?
89. Was ist dabei sinnvoll bzw. vorteilhaft?
90. Wie sieht ein Lösungsansatz aus? Was ist dabei zu beachten?
91. Sortieren Sie einen Datensatz nach der 2. Position.
92. Sortieren Sie denselben Datensatz nach der 3. und 4. Position.
93. Wie sind die anderen Optionen dabei zu verwenden?

Sortieren von komplexen Datensätzen
94. Sortieren Sie einen Datensatz nach der 2. Position.
95. Ändern Sie dabei die Reihenfolge der Ordnung.
96. Sortieren Sie jeweils einmal nach numerischer und alphabetischer Ordnung, ignorieren Sie beim letzten Verfahren die Groß- und Kleinschreibung.

5.6   Lösungen

Unterschiedliche Suchfunktionen: find vs. grep

1. Der *find* Befehl sucht nach den Dateieigenschaften, wie z. B. Dateiname, Zugriffszeiten oder Zugehörigkeit zum Benutzer.

2. Das *grep* Kommando sucht nach einem vorkommenden Muster innerhalb des Dateiinhalts, z. B. ob ein bestimmter Name im Text einer Datei vorkommt. Es ist unabhängig davon, ob es sich hierbei um eine Konfigurationsdatei oder den Quelltext einer Programmiersprache handelt.

3. Das *grep* Kommando sucht nach Inhalten einer Datei, der *find* Befehl nach den Eigenschaften der Datei. Die Gemeinsamkeiten sind, dass beide Ansätze umso leistungsfähiger sind, je genauer das Suchmuster ist und umso weniger Dateien betroffen sind.

4. Der *find* Befehl wird gerne verwendet, um z. B. alle Dateien zu finden, die von einem Benutzer in den letzten zwei Wochen verändert oder erstellt wurden oder alle Dateien, die einen bestimmten Namen haben. Beim *grep* Befehl wird in der Regel nach der Verwendung von bestimmten Namen, z. B. Variablennamen (oder System- bzw. Umgebungsvariablen), Methoden, Prozeduren, Funktionen oder Betriebssystemroutinen innerhalb einer Datei gesucht.

Grundlagen der Suche (find)

5. Die wesentlichen Dateieigenschaften sind (1) der Name, (2) der Zeitpunkt und (3) die Dateigröße sowie (4) die Zugehörigkeit zum Benutzer bzw. Benutzergruppe.

6. Das Anfangsverzeichnis ist so wichtig, weil es entscheidend die Leistung und so insbesondere die Zeitdauer der Suche beeinflusst. Je höher die Ebene ist, auf der das Anfangsverzeichnis angesiedelt ist (also je näher zur Wurzel), umso größer ist das zu durchsuchende Dateisystem und damit umso länger die entsprechende Suchdauer.

7. Je allgemeiner bzw. größer der Suchraum definiert wird, umso höher ist die Wahrscheinlichkeit, dass ein betreffendes Dokument gefunden wird, aber umso höher ist gleichzeitig auch der Aufwand für die Suche. Die Abwägung ist also, von welchem Verzeichnis ausgehend sollte die Suche erfolgen, z. B. / oder */home* oder */home/tux* usw.

8. Es kommt bei der Suche, die von der Wurzel des Dateisystems aus gestartet wird, sehr häufig zu Fehlermeldungen aufgrund fehlender Zugriffsrechte, da dann auf Verzeichnisse des Systemadministrators zugegriffen werden muss, z. B. auf */etc.*

9. Die Suche kann eingeschränkt werden, indem das Ausgangsverzeichnis für die Suche stärker eingeschränkt wird, z. B. auf ein Benutzerverzeichnis oder indem nur noch die Dateien untersucht werden, die in den letzten zwei Tagen verändert wurden.

10. Die Suchkriterien sind implizit durch eine logische UND-Verknüpfung miteinander verbunden, dies bedeutet, dass sie alle erfüllt sein müssen.

11. Nein, in der Praxis wird immer nur eine Auswahl der Suchoptionen bzw. –kriterien vorgenommen. Die wichtigsten Suchkriterien sind das Ausgangsverzeichnis, der Dateiname und der Benutzer bzw. die Benutzergruppe.

Benutzung der Suchoptionen

12. Es gibt noch viele weitere sinnvolle Optionen, wie z. B. *-amin*, *-cmin* und *–mmin*, (s.u.), die kleinere Zeitintervalle definieren können. Es hängt letztlich vom Benutzer und seinen Aufgaben ab, inwieweit er diese sinnvoll und hilfreich einsetzen kann.

13. Die Optionen *atime*, *ctime* und *mtime* stehen für die Zeiträume, definiert in Tagen, in denen auf Dateien lesend (*atime*), oder verändernd (*mtime*) zugegriffen wurde bzw. diese Dateien erzeugt wurden (*ctime*).

14. Die Optionen *-amin*, *-cmin* und *-mmin*, erlauben das Zeitintervall für lesende, erstellende oder modifizierende Zugriffe im Minutenbereich zu definieren.

15. Die Option *-empty* erlaubt es nach leeren Dateien zu suchen.

16. Durch die Option *-type*, welche auf *f* (für Dateien) oder *d* (für Verzeichnisse) gesetzt wird.

17. Die wild cards finden bei der Definition des Dateinamens ihre Verwendung, wie dies schon aus diversen Dateioperationen bekannt ist.

18. Das aktuelle Verzeichnis und seine Unterverzeichnisse wird durch einen Punkt, d. h. „.", beschrieben.

Konkrete Suche nach einer Datei

19. Ein ganz wichtiger Parameter ist der mögliche Startpunkt innerhalb des Dateisystems. Als einfache Faustregel gilt hier: je höher der Startpunkt, d. h. die Ebene im Dateisystem angesiedelt ist, umso länger dauert die Suche. Die aufwändigste Suche würde also bei der Wurzel / beginnen. Die weiteren Parameter, z. B. der Dateiname, die Zeitinformationen oder die Dateigröße erlauben eine Einschränkung des Suchraums und damit der in Frage kommenden Dateien. Die Grundregel ist: je mehr Suchparameter bekannt sind, umso schneller kann die Suche erfolgen.

20. *find /home/tux –name '*.java'*

21. *find . –name 'eineDatei'*

22. *find . –name '*eine*'*

Suchen Sie nach allen Dateien des Benutzers tux

23. *find . -user tux*
    Es ist zu bemerken, dass die Suche hier ausgehend vom aktuellen Verzeichnis startet. Falls dies nicht erwünscht wäre, dann müsste . durch einen relativen oder absoluten Verzeichnispfad ersetzt werden, z. B. *find / -user tux*

24. Das grundlegende Problem bei der Suche ist immer, dass zum einen der Suchraum effizient eingeschränkt werden muss und zum anderen keine relevanten Dateien ausgeschlossen werden dürfen. Die Voraussetzung ist hier, dass man gut über die Dateieigenschaften informiert sein muß, um die richtige Abwägung treffen zu können.

25. *find . -name '*.txt' –user tux*

26. *find . -name '????.txt' –user tux*

27. *find . -empty –user tux*

28. *find /tmp -name '*.txt' –user tux, find /tmp -name '????.txt' –user tux*
    Das Verzeichnis */tmp* muss also (als Parameter) für das Ausgangsverzeichnis angegeben werden.

Suchen Sie nach allen Dateien der Benutzergruppe tuxuser

29. *find /home -group tuxuser*
30. Eine sinnvolle Annahme ist dabei, dass alle Benutzer(gruppen) ihre jeweiligen Dateien unterhalb des Verzeichnisses */home* ablegen. Falls die Benutzerverzeichnisse z. B. nach Benutzergruppen strukturiert wären, dann könnte man sogar noch den Startpunkt stärker einschränken, z. B. in Form von */home/tuxuser* . Jede weitere Einschränkung der möglichen Zieldateien wäre sehr hilfreich, z. B. falls man wüsste, ob ein bestimmter Dateityp (z. B. Java oder C Quelltextdateien) oder eine bestimmte Dateigröße gesucht wird.
31. Der Dateityp wird im Regelfall über die Option *-name* bestimmt und zwar über das Kürzel, das nach dem . angegeben wird. Java Quelltextdateien zeichnen sich durch .java, C Dateien durch .c usw. aus.
    Der entsprechende Suchausdruck wäre dann *find /home -name '*.java' -group tuxuser*
32. Der Zeitraum, in dem auf die Dateien zugegriffen, diese verändert oder erzeugt wurden, wären wichtige Parameter, um die Suche erheblich zu beschleunigen. Weiterhin wäre natürlich die Dateigröße ein weiterer bedeutender Aspekt.

Suche nach Dateien von tux, auf die in den letzten 5 Tagen zugegriffen wurden

33. *find . -atime -5*
    Auch hier wird wieder davon ausgegangen, dass der Startpunkt für die Suche das aktuelle Verzeichnis ist.
34. *find . -atime 5*
35. Dateien, auf die vor längerer Zeit zugegriffen wurde, z. B. vor 6 oder 7 Tagen, werden nicht gefunden.
36. *find . -ctime +5*
37. *find . -user tux -atime -5*
38. Nein, denn im Regelfall handelt es sich bei der Festlegung auf den Benutzer *tux*, (der zur Benutzergruppe *tuxuser* gehört), um eine stärkere Einschränkung als die der Benutzergruppe *tuxuser*, zu der auch noch andere Benutzer gehören können.
39. *find . -user tux -amin -30*
40. *find . -user tux -mtime +5*

Suche nach Dateien basierend auf der Dateigröße

41. *find . -size +1000k* (bzw. *find . –size -1000k*)
42. Ja, durch *find . -empty*
43. *find . -name ' tux*' -size -1k*
44. *find . -name ' tux*' -size 1k*
    In der Praxis wird man sich selten genau an die Dateigröße erinnern können, so dass es sinnvoller ist die Dateigrößen abzuschätzen.
45. In diesem Fall muß der Buchstabe *k* durch *b* ersetzt werden, denn so wird die Größe in Blöcken dargestellt, z. B. *find . -name' tux' -size -1b*
46. *find /tmp -group tuxuser -size +100k*

Grundlagen der Suche von Zeichenketten innerhalb von Dateien (grep)

47. Die Option *-c* erlaubt die automatische Zählung der Zeilen, in denen der gesuchte Ausdruck vorkommt.

48. Selbst falls der gesuchte Ausdruck mehrfach in der Zeile vorkommt, so wird er nur einfach gewertet und dementsprechend gezählt.
49. Die Groß- und Kleinschreibung ist automatisch aktiviert, was auch mit dem üblichen Vorgehen bei anderen Befehlen übereinstimmt, zwischen Groß- und Kleinschreibung zu unterscheiden. Es ist also die Standardeinstellung und muss gegebenenfalls durch die Option *-i* deaktiviert werden.
50. Dank der Option *-l* wird nur der Dateiname angezeigt, falls der gesuchte Ausdruck in der Datei vorkommt. Auch bei mehrfachem Vorkommen wird der Dateiname nur einfach angezeigt.
51. Durch die Optionen *-x* (für die Zeile) bzw. *-w* (für das Wort).
52. Die einzelnen Worte werden durch die Leerzeichen voneinander getrennt und als solche erkannt.
53. Eine „negierte Suche" kann so aussehen, dass der Dateiname angezeigt wird, falls der gesuchte Ausdruck nicht in der Datei vorkommt. Diese Funktionalität wird durch die Option *-L* implementiert.
54. Die Suche ist automatisch auf ein Verzeichnis eingeschränkt. Nur durch die Option *-r* kann sie (rekursiv) auf die Unterverzeichnisse ausgedehnt werden.
55. Die verschiedenen *grep* Kommandos unterscheiden sich in der Art und Weise, wie die Ausdrücke für die Suchmuster definiert werden.

Optionen bei der Suche von Zeichenketten innerhalb von Dateien
56. Die entscheidenden Argument sind (a) die zu suchende Zeichenkette und (b) die zu berücksichtigenden Dateien. Beide Argumente können dabei wild cards enthalten.
57. Indem ein Suchmuster mit Hilfe der üblichen wild cards formuliert wird, z. B. *grep tu?x* *.java*, d. h. eine Zeichenkette, die sich aus den Elementen *tu*, <beliebiges Zeichen> und *x* zusammensetzt und in allen Dateien gesucht wird, die auf *.java* enden.
58. Das zu durchsuchende Verzeichnis wird mittels eines absoluten oder relativen Verzeichnispfads definiert, z. B. wie in dem folgenden Ausdruck, *grep tux* /home/tux/*.java*
59. Die Ausgabe wird durch einen Teil der Optionen gesteuert, z. B. *-c* oder *-v*.
60. Die wild cards können sowohl in dem Suchmuster für die Zeichenkette als auch für die auszuwählenden Dateien eingesetzt werden.

Suche nach *hallo* in beliebigen Dateien
61. *grep hallo* *
62. *grep hallo* *eine**
63. Nein, es werden alle Zeilen angezeigt, in denen die Zeichenkette *hallo* vorkommt. Dies bedeutet, dass *hallo* als eigenständiges Wort oder als Teil eines Wortes erscheint. Falls nur vollständige Wörter gesucht werden, dann ist die Option *-w* zu verwenden, also: *grep -w hallo* *
64. Indem die Suche ohne Berücksichtigung der Groß- und Kleinschreibung ausgeführt wird, was durch die Option *-i* bewirkt wird, also *grep -i hallo* * oder *grep -iw hallo* *
65. Die Option *-l* zeigt nur die Dateinamen an, ohne die entsprechenden Zeilennummern.
66. Die Suche per *grep* ist automatisch auf das entsprechende Verzeichnis begrenzt, außer die Option zur rekursiven Suche ist eingeschaltet mittels *-r*, so dass auch alle Unterverzeichnisse berücksichtigt werden, also z. B. *grep –r hallo* *

Suche von Zeichenketten in verschiedenen Verzeichnissen

67. *grep hallo ** , *grep hallo /tmp* , *grep hallo /home/tuxuser*, *grep –r hallo **
    Das grep Kommando erlaubt keine gleichzeitige Suche in mehreren, unabhängigen Verzeichnissen, aber es können natürlich gleichzeitig *grep* Kommandos parallel laufen.
68. Falls die Suche gleichzeitig in verschiedenen Verzeichnissen stattfinden soll, könnten die verschiedenen *grep* Suchprozesse jeweils parallel in verschiedenen Terminals gestartet werden.

Suche von Zeichenketten und deren Ausgabe

69. Es werden zu viele Zeilen angezeigt, so dass die Informationen noch weiter verarbeitet werden müssen. Alternativ könnte man nur die Anzahl der passenden Zeilen oder nur die passenden Dateinamen anzeigen lassen und so eine konsolidierte Anzeige erzeugen.
70. Man könnte ggf. sogar nur noch die Zeilen anzeigen, die nicht (!) dem Ausdruck entsprechen (über die Option *-v*) oder nur die Anzahl der Zahlen oder Dateien, in denen der Ausdruck vorkommt.
71. Indem nur die Dateinamen angezeigt werden, was durch die Option *-l* bewirkt wird.
72. Die Suche könnte eingeschränkt werden, in dem nur nach dem Vorkommen der Zeichenkette als separates Wort gesucht werden könnte (Option *-w*).

Negation der Suche von Zeichenketten

73. Hierbei gibt es zwei Möglichkeiten: zum einen können die Zeilen ausgegeben werden, die nicht dem Ausdruck entsprechen (Option *-v*) und zum anderen können die Dateinamen angezeigt werden, die keinen passenden Ausdruck enthalten (Option *-L*).
74. Die genannten Optionen (*-v* und *-L*) sind die einzigen, die sich auf eine Negation beziehen.

Sortieren von Datensätzen (sort)

75. Die Sortierung erfolgt normalerweise in alphabetischer Reihenfolge und in aufsteigender Ordnung.
76. Ein Sortierkriterium ist der Teil des Datensatzes auf dem die alphabetische oder numerische Sortierung durchgeführt wird. Sortierkriterien können bei Dateien z. B. die Dateigröße oder der Dateiname sein.
77. Die Sortierordnung ist aufsteigend (oder abfallend) und sie ist wichtig, weil sie unmittelbar das Sortierergebnis und seine Darstellung beeinflusst.
78. Die Sortierordnung ist normalerweise als aufsteigend definiert und sie kann in eine (ab)fallende Ordnung durch die Option *-r* geändert werden .
79. In einem solchen Fall kann mithilfe der Option *-k* festgelegt werden, welche der Spalten Sortierkriterien sind.
80. Die numerische Sortierung ordnet Zahlen in ihrer „natürlichen" Reihenfolge an, z. B. 1, 2, 3, 4, 5. Bei einer alphabetischen Ordnung wird zwar auch die 1 vor der 2 angeordnet, aber auch 11 vor 2 (was dann nicht mehr der numerischen Ordnung entspricht).

Sortieren des Datensatzes

81. Die wichtigsten Optionen sind die folgenden: *-n* für die numerische Sortierung, *-r* für die „(ab)fallende" Ordnung, und *-k* für die Auswahl der zu sortierenden Elemente. Alle drei Optionen können miteinander kombiniert werden.

82. Beim Sortieren wird immer (1) ein zu sortierender Datenbestand und (2) eine Ordnungsstruktur, sei sie ansteigend oder abfallend, alphabetisch oder numerisch, benötigt.

83. Das Sortierkriterium ist im Regelfall die aufsteigende alphabetische Ordnung und das jeweilige zu sortierende Element ist der Datensatz an der jeweils ersten Position in der Zeile. Die Sortierkriterien werden durch die folgenden Optionen *-n* (numerisch), *-r* (abfallend) und *-k* (Auswahl) beeinflusst, wobei die letztere die deutlich flexiblere ist.

Sortieren nach Kriterien

84. Als Standard-Sortierkriterium wird die alphabetische Reihenfolge, in aufsteigender Ordnung angenommen. In diesem Fall kann auch mit der „Standard-Einstellung" wie folgt sortiert werden: sort eineDatei.txt

85. Die numerische Sortierung wird durch die Option *-n* erreicht, also *sort -n eineDatei.txt*

86. Wenn es bei dem Datensatz um numerische Werte, d. h. Zahlen, geht, dann ist es sinnvoller diese auch nach „numerischen" Kriterien zu sortieren bzw. zu verarbeiten. Z. B. bei einer Sortierung nach numerischen Kriterien kommt eine 5 vor einer 10, bei einer alphabetischen Ordnung wäre es aber genau umgekehrt.

87. Die (ab)fallende Ordnung wird durch die Option *-r* erreicht, also sort *-r eineDatei.txt* oder *sort -nr eineDatei.txt*

Sortieren von Datensätzen, die aus Feldern bestehen

88. Es wird in der Standard-Einstellung immer die Information in der ersten Spalte bzw. Position verwendet.

89. Das obige Vorgehen ist nur dann empfehlenswert, wenn dort auch die entscheidende Information zu finden ist. Bei dem Befehl ls *–l* wird die entscheidende Information, d. h. der Dateiname, in die letzte Spalte geschrieben. Bei einer solchen Sortierung nach den Standardkriterien würde dann nach den Dateitypen und Zugriffsrechten sortiert werden (statt nach dem Dateinamen).

90. Der Lösungsansatz wird durch die Option *-k* angeboten, die eine flexible Definition der Position(en) der Informationen erlaubt, welche für die Sortierung verantwortlich sind.

91. *sort –k 2 eineDatei*

92. *sort –k 3,4 eineDatei*

93. Mit Hilfe der anderen Optionen könnte die Sortierung z. B. nach numerischen Kriterien oder in abfallender Ordnung erfolgen.

Sortieren von komplexen Datensätzen

94. *sort –k 2 eineDatei*

95. *sort –r –k 2 eineDatei*

96. *sort –n –k 2 eineDatei* (numerische Sortierung) ,
    sort –k 2 eineDatei (alphabetische Sortierung),
    sort –f –k 2 (ohne Groß- und Kleinschreibung)

6   Kommandozeileninterpreter bash

Der Kommandozeileninterpreter (engl. shell) ist die Schnittstelle, um mit dem Betriebssystem zu kommunizieren. Unter Linux hat sich *bash* (*bourne again shell*) als die Standard-shell durchgesetzt, unter UNIX hingegen gibt es eine Vielzahl von shells, z. B. C-shell, Korn-shell, Bourne-shell, die jeweils über unterschiedliche Syntax und Funktionen verfügen. Aus diesem Grunde beschäftigen wir uns in den folgenden Abschnitten und den Übungen mit der *bash*. Zuerst werden die Grundkonzepte der *bash* erläutert, danach werden die wichtigsten Umgebungsvariablen vorgestellt, das Prinzip der Pipes und die Umleitung der Ein- und Ausgabe von Befehlen. Weitere Themen sind die Definition eigener Abkürzungen (Aliase), das Setzen von Befehlen in Hochkommata (Quoting). Die Behandlung von Sonderzeichen in Dateinamen und die Bearbeitung früherer Kommandozeilen werden dann anschließend diskutiert.

Lernziele
Wenn Sie die folgenden Abschnitte erfolgreich bearbeitet haben, dann können Sie

- die Grundkonzepte der *bash* verstehen und anwenden
- auf die Umgebungsvariablen zugreifen und ihnen Werte zuweisen
- Pipes („|") verwenden, um Befehle zu verbinden
- die Ein- bzw. Ausgabe von Befehlen umleiten
- Aliase definieren
- die Befehle logisch miteinander kombinieren
- das Quoting (d. h. in Hochkomma setzen) einsetzen
- Sonderzeichen, z. B. in Dateinamen, verwenden
- die früheren Kommandos editieren

6.1   Grundkonzepte der bash

Der Kommandozeileninterpreter nimmt alle Eingaben des Benutzers entgegen, verarbeitet diese und zeigt die Ergebnisse an. Er ist das Werkzeug für die Interaktion zwischen Benutzer und Betriebssystem. UNIX bietet eine Vielzahl von shells, von denen die bekanntesten die Bourne shell (bsh), die Korn shell (ksh) und die c-shell sind (csh), unter Linux hingegen dominiert die „bourne again shell", kurz *bash* genannt, welche sich stark an die Bourne-shell anlehnt, was sich sowohl im Namen als auch in der Funktionalität widerspiegelt.

Eine der wichtigsten Möglichkeiten die Kommandozeile an die eigenen Bedürfnisse anzupassen bieten die Umgebungsvariablen, welche vielen Eigenschaften der Shell (Kommandozeichen, Benutzerverzeichnis, zu durchsuchende Dateipfade usw.) transparent und änderbar machen.

Neben der Ausführung einfacher Befehle erlaubt ein Kommandozeileninterpreter auch viele weitergehende Funktionen, die den Einsatz der Kommandozeile deutlich effizienter gestalten, wie z. B. die Verknüpfung mehrerer Befehle hintereinander („Pipes"), die gleichzeitige logische Verknüpfung von Befehlen, die Umleitung von Ein- und Ausgabe sowie die schnelle Modifikation von Befehlen auf der Kommandozeile.

Fazit:

Der Kommandozeileninterpreter nimmt alle Eingaben des Benutzers entgegen, verarbeitet diese und zeigt die Ergebnisse an. Er ist das Werkzeug für die Interaktion zwischen Benutzer und Betriebssystem.

6.2   Umgebungsvariablen der bash

Die Umgebungsvariablen beeinflussen das Verhalten der *bash* und erlauben so eine Personalisierung der *bash*. Beispiele für Umgebungsvariablen sind *PATH*, in dem sich alle Dateipfade befinden, in denen nach Kommandos gesucht werden kann und *HOME*, das den Dateipfad zum eigenen Benutzerverzeichnis enthält. Die komplette Übersicht aller Umgebungsvariablen erhält man durch den Befehl *env* (engl. environment).

Eine Auswahl der wichtigsten Umgebungsvariablen wird im Folgenden erklärt:

* *PATH*: Liste v. Dateipfaden, die nach ausführbaren Dateien durchsucht werden
* *HOME*: Dateipfad, der auf das eigene Benutzerverzeichnis zeigt
* *PWD*: Dateipfad, der auf das aktuelle Arbeitsverzeichnis zeigt
* *HOSTNAME*: Zeichenkette mit dem Rechnernamen
* *USER*: den Benutzer-/Loginnamen
* *PS1*: Zeichenkette, die den Prompt definiert

Der Inhalt der Umgebungsvariable wird angezeigt durch den folgenden Konstrukt: *echo $<Umgebungsvariable>*, z. B. *echo $PATH*. Der Wert der Variablen kann einfach geändert werden, indem man der Umgebungsvariablen einen neuen Wert zuweist, z. B. *PS1=">:"*. Soll die Umgebungsvariable hingegen geändert werden (d. h. nicht nur in einem Terminal), so ist es nötig die Variable zu „exportieren", d. h. *export <Umgebungsvariable> = <Wert>*, z. B. *export PS1=">:"*. Mittels *env* werden alle Umgebungsvariablen angezeigt. Um diese

Änderung dauerhaft zu gestalten, ist die entsprechende Änderung der Umgebungsvariable in *.profile* oder *.bashrc* einzutragen.

Befehle

`echo     $<Umgebungsva-riable>`	zeigt Inhalt der Umgebungsvariable an
`export  <Umgebungsva-riable>=<Wert>`	verändert Umgebungsvariable
`env`	zeigt alle Umgebungsvariablen an

Beispiele

`echo $PATH`	zeigt die Liste der zu durchsuchenden Dateipfade an
`echo $HOME`	zeigt das Benutzerverzeichnis an
`export PS1="*>"`	ändert das Zeichen des Prompts auf `*>`
`env`	zeigt alle Umgebungsvariablen an

Hinweise
- Bitte beachten Sie, dass die Umgebungsvariablen groß geschrieben werden und beim Zugriff, vor dem Namen, ein *$* gesetzt werden muß.
- Die dauerhafte Veränderung der Umgebungsvariablen wird in dem Abschnitt „Personalisierung der bash" beschrieben.
- Es empfiehlt sich im Regelfall *PATH* um weitere Verzeichnisse zu erweitern, um so den Suchraum für eingegebene Befehle zu erhöhen.

Fazit:

> Die Umgebungsvariablen beeinflussen das Verhalten der *bash* und erlauben so eine Personalisierung der *bash*. Die wichtigsten Umgebungsvariablen sind PATH, HOME und PWD. Die Ausgabe erfolgt mittels echo *$<Umgebungsvariable>*.

6.3   Pipe

Eine Pipe, symbolisiert durch „|", verbindet die Ausgabe eines Befehls mit der Eingabe des darauf folgenden Befehls. Dies bedeutet, dass der erste Befehl Ergebnisse in einem Format liefert, die vom zweiten, folgenden Befehl direkt weiterverarbeitet werden können. Kurzum, die Pipe leitet also Daten von einem Befehl zum nächsten weiter.

Befehl

```
<Befehl> | <Befehl>
```

Beispiele

| `ls | sort -r` | sortiert die Dateien eines Verzeichnisses alphabetisch absteigend |
| `ps | grep java` | sucht in der Liste aller Prozesse nach einem Prozess namens Java |

Hinweis
* Bitte achten Sie immer darauf, dass das Ausgabeformat des ersten Befehls dem Eingabeformat des folgenden Befehls entspricht.

Fazit:

> Eine Pipe, symbolisiert durch „|", verbindet die Ausgabe eines Befehls mit der Eingabe des darauf folgenden Befehls. Die Pipe leitet demnach Daten von einem Befehl zum nächsten weiter.

6.4   Umleitung der Ein- und Ausgabe von Befehlen

Die Standardeingabe für Befehle ist in der Regel die Tastatur, hingegen dient der Bildschirm als Standardausgabe. Oft ist es sinnvoll die Ergebnisse eines Befehls weiterverarbeiten zu können, z. B. für die spätere Ergebnisanalyse. Dies erfordert allerdings, dass diese Ergebnisse in Form einer Datei vorliegen. Genauso kann es umgekehrt interessant sein, dass Befehle Eingaben aus Dateien einlesen, z. B. bei einem Mail-Programm, bei dem ein vorbereiteter Text versendet wird. Die Umleitung der Ein- und Ausgabe von Befehlen ermöglicht genau diese interessanten Optionen, es können sogar Fehlermeldungen in besondere Dateien umgelenkt werden.

Die Umleitung der Ausgabe wird durch > symbolisiert, die Umleitung der Eingabe hingegen durch <. Die notwendige Befehlssyntax bei der Umleitung der Ausgabe ergibt sich dann wie folgt:

```
<Befehl> > <Dateiname>, z. B. ls > verzeichnisinhalt.txt
```

Dies bedeutet in diesem Fall, dass der Inhalt des Verzeichnisses durch das Kommando *ls* in die Datei namens *verzeichnisinhalt.txt* ausgegeben bzw. umgeleitet wird.

Die Umleitung der Eingabe erfolgt analog zur Ausgabe durch <:

`<Befehl> < <Dateiname>`, z. B. `sort  <  textdatei`

In diesem Fall werden die unsortierten Datensätze der Datei *textdatei* von dem Kommando *sort* sortiert und dann auf dem Bildschirm (Standardausgabe!) angezeigt. Falls die sortierten Ergebnisse in der Datei *ausgabe.txt* abgespeichert werden sollen, ist das folgende Konstrukt zu verwenden:

`sort < textdatei > ausgabe.txt`

In den oben genannten Fällen wurden bislang existierende Dateien bei der Ausgabe überschrieben oder falls sie noch nicht existierten, erst dann erzeugt. Oft möchte man einfach nur neue Daten hinzufügen, ohne die alten zu löschen. Die neuen Dateien werden an das jeweilige Dateiende angehängt. Hierfür ist das Symbol >> zuständig. Beim Beispiel *ls >> verzeichnisinhalt.txt* bedeutet dies also, dass die Datei *verzeichnisinhalt.txt*, sofern sie schon existiert, um die Ausgabe des *ll* Befehls nur erweitert wird.

Eine sehr nützliche Funktion ist die Umleitung der Fehlermeldungen durch den Operator *2>* in eine separate Datei. Wird hingegen das Konstrukt *2>&1* verwendet, dann erfolgt die Umlenkung der Fehlermeldung in dieselbe Datei, wie die der Ausgabe.

Befehle

`<Befehl> > <Datei>`	Umleitung der Ausgabe
`<Datei> < <Befehl>`	Umleitung der Eingabe
`<Befehl> 2> <Datei>`	Umleitung der Fehlermeldungen in die Datei
`<Befehl> >> <Datei>`	Umleitung der Ausgabe in die Datei, wobei die Daten nur angehängt werden
`<Befehl> 2>&1 <Datei>`	Umleitung der Ausgabe und der Fehlermeldungen in dieselbe Datei

Beispiele

`ls > ausgabe.txt`	Umleitung des Verzeichnisses in *ausgabe.txt*
`sort  <  textdatei`	Sortierung der Datei *textdatei* und Ausgabe
`sort < textdatei > ausgabe.txt`	Sortierung der Datei *textdatei* und danach Ausgabe in die Datei *ausgabe.txt*
`find / -name '*.txt' 2> fehler.txt`	Alle Fehler, die bei der Suche nach den Dateien namens '*.txt' auftreten, werden umgeleitet nach *fehler.txt*

Hinweise

- Die Ausgabe eines Kommandos in eine Datei, zu Dokumentations- oder Analysezwecken, ist sicherlich die häufigste Anwendung der Umleitung von Ein- und Ausgabe.
- Die Umleitung der Eingabe erlaubt es, insbesondere bei Testfällen, immer wieder dieselben Datensätze zu verwenden, ohne diese über die Tastatur neu einzugeben.

Fazit:

> Die Umleitung der Ausgabe wird durch > , die Umleitung der Eingabe hingegen durch < symbolisiert. Mittels >> werden die Daten nur an die Datei angehängt, durch 2> wird die Fehlerausgabe umgelegt.

6.5   Aliase

Für besonders häufig benutzte Befehle bietet es sich an, eigene, leicht(er) zu merkende Abkürzungen zu definieren, um so schneller das entsprechende Kommando zu verwenden. Der Befehl *alias* erlaubt die Definition einer neuen Anweisung, die auf vorhandenen Befehlen und Optionen basiert. Eine solche Anweisung erhält einen Namen. Es ist also vergleichbar mit einem Makro in einer Programmiersprache.

Falls Sie als Benutzer häufig das *ls* Kommando zusammen mit den Optionen *-a* und *-l* aufrufen, dann können Sie diesen Befehl mit den Optionen zusammen als neues Kommando, z. B. namens *lla*, definieren.

Eine andere Möglichkeit besteht darin, bekannte Befehle direkt mit einer bestimmten Option aufzurufen, z. B. in dem der *lla* Befehl als *ls -al* definiert wird.

Befehl

```
alias <neuer Kommandoname>
= '<Befehl, ggf. Optionen> '          Befehl definieren
```

Beispiele

`alias la='ls -a'`	listet alle Dateien u. Verzeichnisse im „langen" Format auf
`alias lv='ls —d'`	listet alle Dateien im „langen" Format auf, wobei von den Verzeichnissen nur der Name angezeigt wird

Hinweise

- Die Aliase, die in einem Kommandozeileninterpreter definiert werden, existieren nur so lange, wie die shell selbst existiert. Es empfiehlt sich also, die Aliase permanent festzulegen, indem diese in eine Datei (siehe auch den Abschnitt „Personalisierung der bash") eingetragen werden.

- Die Aliasnamen selbst sollten kurz und treffend sein, damit die zugrunde liegende Funktionalität klar ist.

- Aliase würden sich z. B. für eine „Eindeutschung" bestimmter häufiger Kommandos lohnen, die man sich ansonsten schlecht merken kann oder deren Optionsliste ansonsten zu lang wäre.

- Der Befehl *alias* ohne Parameter zeigt die momentan gültigen Aliase an.

- Ein typischer Fehler ist das Einfügen von Leerzeichen zwischen dem Aliasnamen, z. B. la oder lv, und =, und dem Gleichheitszeichen = und dem Hochkomma '.

Fazit:

Der Befehl *alias* erlaubt die Definition einer neuen Anweisung, die auf vorhandenen Befehlen und Optionen basiert.

6.6   Logische Verknüpfung von Befehlen

Das Semikolon*;* erlaubt das Hintereinanderschreiben von mehreren Kommandos, die dann sequentiell, d. h. nacheinander, ausgeführt werden. Im Gegensatz zu *;* wird bei der logischen UND-Verknüpfung *&&* der zweite Befehl nur dann ausgeführt, wenn der erste Befehl erfolgreicht ausgeführt werden konnte. Bei der logischen ODER-Verknüpfung *||* ist es umgekehrt. Dies bedeutet, dass der Gesamtausdruck erfolgreich ist, falls eine der beiden Befehle erfolgreich ausgeführt wird.

Befehle

`<Befehl> ; <Befehl>`	; trennt Befehle auf Kommandozeile
`<Befehl> && <Befehl>`	&& der zweite Befehl wird nur dann ausgeführt, falls der erste Befehl erfolgreich ausgeführt ist
`<Befehl> || <Befehl>`	|| erfordert, dass nur ein Befehl gelingt
`<Befehl> \ <Befehls-zeile>`	\ erlaubt es die Befehlszeile auch in die nächste Zeile zu schreiben

Beispiel

`ls ; cd ..`	listet den Verzeichnisinhalt auf und geht dann in das nächsthöhere Verzeichnis
`mkdir verz &&` `cp eineDatei verz`	zuerst wird das Verzeichnis *verz* erzeugt und dann wird die Datei *eineDatei* hinein kopiert

Hinweise

- Die sequentielle Ausführung von Kommandos ist dann sinnvoll, wenn man nicht jedes Mal auf das Ende der Ausführung des vorherigen Befehls warten möchte, um dann den nächsten Befehl eingeben zu dürfen.
- Es ist zu beachten, dass die Kommandos (anders als bei den Pipes oder den logischen Operatoren) nicht durch ihre Ein-/Ausgabe oder durch ihre Ergebniswerte miteinander verbunden sind.
- Die logische Verknüpfung von Kommandos ist nur dann empfehlenswert, wenn zum einen die zu verknüpfenden Kommandos einen Ergebniswert bzw. einen Fehlercode zurückliefern und zum anderen, wenn man sich vorher genau die (logischen) Abhängigkeiten vor Augen führt.
- Das \ Zeichen ist keine logische Verknüpfung, sondern nur eine syntaktische, denn es erlaubt die Kommandos in der nächsten Zeile fortzuführen.

Fazit:

Das Zeichen ; erlaubt die sequentielle Ausführung von mehreren Kommandos. Bei && wird der zweite Befehl nur dann ausgeführt, wenn der erste erfolgreich war.

6.7   Quoting und Verwendung von Sonderzeichen

Die Verwendung von Hochkommata (im Englischen „Quoting" genannt) erlaubt auch die Verwendung von Leerstellen in einem Ausdruck. Bei einfachen Hochkommata wird der Ausdruck (wort)wörtlich genommen, bei doppelten Hochkommata hingegen werden auch die Shell Umgebungsvariablen ausgewertet.

Beispiele

Ausdruck	Ausgabebeispiele
`echo 'Ich suche in $PATH'`	'Ich suche in $PATH'
`echo "Ich suche in $PATH"`	Ausgabe 'Ich suche in /tmp'[14]

---

[14] Es auf darauf hingewiesen, dass die Parameter durch Leerzeichen voneinander getrennt werden müssen.

Im ersten Fall wird die Variable *$PATH* nicht ausgewertet, sondern unverändert, direkt ausgegeben. Im zweiten Fall wird die Variable *$PATH* (z. B. mit dem Inhalt */tmp*) ausgewertet und erst dann ausgegeben.

Die Verwendung von Sonderzeichen (z. B. *, ?) in Namen erfordert den Backslash \, der dazu führt, dass das Sonderzeichen wortwörtlich interpretiert wird und nicht in seiner sonst üblichen Bedeutung.

Beispiele

`ls t?`	sucht alle Dateien, die mit *t* beginnen
`ls t\?`	alle Dateien, die mit *t?* beginnen
`ls t\*`	alle Dateien, die mit *t** beginnen

Hinweis
* Versuchen Sie die Verwendung von Sonderzeichen weitgehend zu vermeiden, da diese den Umgang mit den entsprechenden Dateinamen immer erschweren.

Fazit:

> Bei einfachen Hochkommata wird der Ausdruck (wort)wörtlich genommen, bei doppelten Hochkommata hingegen werden auch die Shell-Umgebungsvariablen ausgewertet.

6.8   Änderung von Kommandos und Befehlshistorie

Der Gebrauch der Kommandozeile kann beschleunigt werden, wenn frühere Befehle einfach entsprechend nur den neuen Bedürfnissen modifiziert werden. In solchen Fällen ist es hilfreich, interaktiv eine Auflistung der früheren, eingegebenen Kommandos zu erhalten. Dies nennt man die Befehlshistorie und wird durch den *history* Befehl erreicht. Die aufgelisteten Ausdrücke der Kommandozeilen können dann beliebig editiert werden.

Die automatische Vervollständigung von Dateinamen gehört mit zu den beliebtesten Funktionen der bash. Bei der Eingabe des Beginns eines Dateinamens, kann unter Betätigung der *TAB*-Taste festgestellt werden, welche Datei(en) dieses Namens existieren und bei mehreren Möglichkeiten, wird die entsprechende Auswahl angezeigt. Sobald das Zeichen eingegeben wird, das zwischen den verschiedenen Möglichkeiten entscheidet, wird der restliche Dateiname vervollständigt.

Befehle

history	Aufruf der Befehlshistorie
history <n>	Aufruf der letzten <n> Befehle
!!	wiederholt den letzten Befehl
!<Befehlsnr.>	führt den Befehl mit der <Befehlsnr.> aus
!<String>	zeigt den letzten passenden Befehl an und führt ihn aus
<TAB>	Vervollständigung der Dateinamen

Beispiele

history 5	Ausgabe der letzten fünf Befehle
!1	führt Befehl mit der Befehlsnr. 1 aus
!mk	führt Befehl, der mit mk beginnt aus, z. B. *mkdir*

Hinweise
- Durch Betätigen der ↑,↓-Taste (der Tastatur) kann man einfach in den früheren Kommandozeilen vor und zurück blättern und diese dann verändern.
- Die Vervollständigung der Dateinamen funktioniert mit allen Kommandos, die als Argument eine Datei erwarten, z. B. *ls*.
- Die Suche in der Befehlshistorie kann auch über *Strg + R* erfolgen.
- Die Befehle mit der höchsten Befehlsnummer sind die, die zuletzt eingegeben wurden.

Fazit:

Die Befehlshistorie erlaubt es die Bedienung der Kommandozeile ganz erheblich zu beschleunigen. Über *history* oder durch das Betätigen der ↑,↓-Taste kann man in den früheren Kommandozeilen vor und zurück blättern.

6.9   Personalisierung der bash

Die Anpassung der bash an persönliche Bedürfnisse, z. B. die Anzeige des Benutzer- oder Rechnernamens beim Kommandoprompt, die Festlegung auf einen bestimmten Kommandointerpreter oder die Erweiterung des Suchpfades für Befehle, werden in der Datei *.bash_profile* festgelegt. Hier werden alle Besonderheiten für das eigene Benutzerkonto definiert, insbesondere die dauerhafte Veränderung der Shell-Umgebungsvariablen.

Die Definition von Aliasen (s.o.) erfolgt in der Regel in der Datei *.bashrc*, welche sich ebenfalls im eigenen Benutzerverzeichnis befindet.

6.10 Übungen

Grundkonzepte der bash
1. Was ist ein Kommandointerpreter?
2. Welche Kommandointerpreter kennen Sie? Was ist der Standard-Kommandointerpreter in Linux?
3. Was sind typische Funktionen eines Kommandointerpreters?

Grundlegendes zu bash Umgebungsvariablen
4. Was ist eine Umgebungsvariable? Was ist ihre Aufgabe?
5. Ermitteln Sie das aktuelle (Arbeits-)Verzeichnis mittels der entsprechenden Umgebungsvariable.
6. Was ist ein *PATH*?
7. Wie kann man auf den Benutzernamen zugreifen?
8. Wie kann der Prompt definiert bzw. verändert werden?
9. Wie können Sie alle Umgebungsvariablen anzeigen?
10. Wie können Umgebungsvariablen verändert werden?

Details der bash Umgebungsvariablen
11. Welche Umgebungsvariablen gibt es? Zählen Sie vier wichtige Umgebungsvariablen auf.
12. Wie kann auf eine Umgebungsvariable zugegriffen werden? Worauf muss dabei geachtet werden?
13. Wozu dient der *echo* Befehl?
14. Welche Auswirkung hat *export*? Was passiert, falls *export* nicht verwendet wird?
15. Welche Vorteile bieten Umgebungsvariablen?
16. Wie werden Umgebungsvariablen über die einzelne Benutzersitzung hinaus verändert?
17. Wie sehen in anderen Betriebssystemen die Alternativen zu Umgebungsvariablen aus?
18. Wie bewerten Sie den Nutzen von Umgebungsvariablen?
19. Wie kann ich das aktuelle Verzeichnis mittels einer Umgebungsvariablen bestimmen?
20. Wie kann ich den Kommandoprompt über eine Umgebungsvariable ändern?

Grundlagen der Pipes
21. Was bedeutet der Ausdruck „Pipe"? Was ist das entsprechende Symbol?
22. Was ist die spezifische Aufgabe bzw. der Vorteil?
23. Was ist die Voraussetzung für den Einsatz von Pipes?
24. Nennen Sie Beispiele für den Einsatz von Pipes.
25. Leiten Sie die Ausgabe von *ls* an einen Befehl zur seitenweise Bildschirmanzeige weiter.

Pipes

26. Können mehrere Pipes hintereinander geschaltet werden?
27. Wie können Sie den Verzeichnisinhalt seitenweise ausgeben?
28. Welche Alternativen gibt es für eine seitenweise Ausgabe?
29. Worin unterscheidet sich der Einsatz der Pipe von einer Umleitung der Ausgabe?
30. Worin besteht das Problem bei folgendem Konstrukt: *less | more*?
31. Beschreiben Sie ein typisches Anwendungsszenario für eine Pipe.
32. Welche Auswirkung hat es, falls der Befehl vor der Pipe keine Informationen liefert?
33. Welche Funktion hat der Befehl, der nach der Pipe kommt?

Grundkonzepte bei der Umleitung der Ein- und Ausgabe von Befehlen

34. Worin unterscheidet sich die Umlenkung der Ein- oder Ausgabe von Pipes?
35. Geben Sie jeweils ein Beispiel für die Umleitung von Ein- und Ausgabe an.
36. Was ist die Standardeingabe und die Standardausgabe und warum ist sie jeweils so definiert?
37. Nennen Sie typische Anwendungsszenarien für die Umleitung von Ein- und Ausgabe.
38. Kann man beides miteinander kombinieren?

Umleitung der Ein- und Ausgabe von Befehlen

39. Leiten Sie die Informationen, die bei der Verschiebung von Dateien anfallen, in eine Datei um. Zeigen Sie diese Daten anschließend seitenweise an.
40. Leiten Sie die Fehlermeldungen, die beim Einsatz des *find* Befehls sehr häufig auftreten können, in eine separate Datei um.
41. Leiten Sie die Ergebnisse von *grep* in eine eigene Ausgabedatei um. Was könnten weitere mögliche Auswertungen sein?
42. Auf was ist bei der Umleitung von Ein- oder Ausgabe zu achten?
43. Leiten Sie die Informationen über die aktuellen Benutzer in eine Datei um und sortieren Sie diese. Was sind die Vorteile dieses Vorgehens?
44. Ergeben sich Vorteile bei der Umleitung der Linux manual pages bzw. internen Dokumentation?
45. Was bedeutet das folgende Symbol *2>&1* ?

Allgemeines zu Aliasen

46. Was ist ein Alias?
47. Welche Vorteile bietet ein Alias?
48. Gibt es einen Unterschied, ob man den Alias oder den zugrunde liegenden Befehl verwendet?
49. Können Aliase permanent verfügbar gemacht werden?

Aliase

50. Definieren Sie den Befehl „del", der dem *rm* Kommando entspricht.
51. Definieren Sie einen Befehl, der Verzeichnisinhalte seitenweise ausgibt.
52. Mit welchem Konstrukt einer Programmiersprache wäre ein Alias vergleichbar?
53. Wann und warum definiert man einen Alias?
54. Wie kann man nach Aliasen suchen?

55. Wo werden Aliase im Regelfall definiert?

56. Müssen die Optionen und Parameter bei der Definition eines Alias besonders berücksichtigt werden?

Grundlagen der logischen Verknüpfung von Befehlen

57. Welche logische Verknüpfungen von Befehlen existieren?

58. Warum sind logische Verknüpfungen sinnvoll?

59. Welche Anwendungsbeispiele kennen Sie?

Logische Verknüpfung von Befehlen

60. Schreiben Sie mehrere Kommandos hintereinander. Wie sind diese miteinander verbunden und wie werden diese ausgeführt?

61. Erzeugen Sie eine Datei und lassen Sie diese Datei danach anzeigen. Wie sollten diese beiden Kommandos miteinander verbunden sein?

62. Löschen Sie alle Dateien eines Verzeichnisses und danach das Verzeichnis. Welche Abhängigkeit besteht zwischen den beiden Operationen?

63. Erzeugen Sie eine Datei und zeigen Sie den Verzeichnisinhalt an. Welche Verbindung besteht zwischen beiden? Wie sollte die logische Verknüpfung aussehen? Wie wäre die Situation, wenn die Datei angezeigt werden sollte?

64. Erzeugen Sie eine weitere Datei und durchsuchen Sie eine Reihe von Dateien nach der Zeichenkette *hallo*. Wie sieht die logische Verknüpfung zwischen beiden Operationen aus? Unter welchen Voraussetzungen liegt eine logische Verknüpfung vor?

65. Löschen Sie alle Dateien in zwei unabhängigen Verzeichnissen. Wie sieht die logische Verbindung aus? Welcher Fall könnte eintreten, falls ein Verzeichnis ein Unterverzeichnis des anderen wäre?

66. Was passiert falls ein Kommando die Kommandozeile überschreitet? Handelt es sich um eine logische Verknüpfung?

Quoting und Sonderzeichen

67. Was ermöglicht Quoting?

68. Was sind Sonderzeichen?

69. Was ist bei Umgebungsvariablen zu beachten?

70. Was ist die Quintessenz von Quoting?

71. Welche beiden unterschiedlichen Ansätze gibt es? Wie wirken sich diese aus?

72. Was ist allgemein bei Dateinamen, die Leerzeichen enthalten, zu beachten?

73. Wie können die Sonderzeichen *?* und * in Dateinamen dargestellt werden? Warum ist dies jeweils ein Problem?

Einführung in die Kommandohistorie

74. Was ist die Befehlshistorie?

75. Wie funktioniert die automatische Vervollständigung von Dateinamen?

76. Welche Vorteile bietet die Bearbeitung von Kommandos?

Abänderung von Kommandos und die Befehlshistorie

77. Rufen Sie die Befehlshistorie auf.

78. Wiederholen Sie den letzten Befehl.
79. Wiederholen Sie den vorletzten Befehl. Was fällt Ihnen auf?
80. Rufen Sie den Befehl mit der Befehlsnr. 10 auf.
81. Rufen Sie die letzten 20 Befehle auf und wählen Sie eine beliebigen aus.
82. Rufen Sie alle Befehle auf, die mit *m* beginnen und wählen Sie einen aus.
83. Wann ist die Befehlshistorie zu verwenden?
84. Wann und warum ist es lohnend längere Kommandozeile aufzurufen und zu editieren?

6.11   Lösungen

Grundkonzepte der bash
1. Ein Kommandointerpreter erhält die Kommandos des Benutzers, verarbeitet sie und führt sie dann aus. Er stellt die zentrale Benutzerschnittstelle zwischen dem Benutzer und dem Betriebssystemkern dar.
2. Die bash shell ist der Standard-Kommandointerpreter in Linux. Andere Kommandointerpreter in UNIX sind die Bourne shell (bsh), die Korn shell (ksh) oder die C-Shell (csh).
3. Typische Funktionen eines Kommandointerpreters sind die Verwaltung der Umgebungsvariablen, die Verknüpfung von Kommandos durch Pipes oder durch logische Befehle, die Umleitung der Standardein- oder -ausgabe sowie die Modifikation von Befehlen.

Grundlegendes zu bash Umgebungsvariablen
4. Eine Umgebungsvariable erlaubt es auf wesentliche Eigenschaften des Betriebssystems zu zugreifen und diese zu verändern oder anzupassen.
5. *echo $PWD* oder alternativ: *pwd*
6. Die Umgebungsvariable *PATH* enthält alle Verzeichnispfade, die durchsucht werden, falls ein Kommando eingegeben wird. Dies bedeutet, dass für jeden Befehl in allen Verzeichnispfaden von *PATH* nach dem Befehl gesucht wird.
7. *echo $USER*
8. *$PS1, export PS1=<neuer Wert>*
9. *env*
10. Durch den folgenden Konstrukt: *export <Umgebungsvariable>=<neuer Wert>* können der Umgebungsvariable neue Werte zugewiesen werden.

Details der bash Umgebungsvariablen
11. Es gibt eine Vielzahl von Umgebungsvariablen. Die vollständige Liste kann über das Kommando env abgerufen werden. Die bekanntesten Umgebungsvariablen sind *HOME, PATH, USER, PS1, PWD, HOSTNAME*.
12. Die Anzeige des Werts erfolgt über *echo $<Umgebungsvariable>*. Eine Wertezuweisung an die Umgebungsvariable geschieht über =, z. B. *$PS1="++"*. Es ist darauf zu achten, dass zum einen das $-Symbol vor die Umgebungsvariable angefügt wird und zum anderen der Variablenname groß geschrieben wird. Weiterhin ist zu berücksichtigen, dass keine Leerzeichen zwischen = und ' stehen sollten.

13. Der *echo* Befehl dient der Ausgabe des Variablenwertes auf dem Bildschirm.

14. Der *export* Befehl dient dazu den Variablenwert (bzw. die Werteänderung einer Variablen) über das eigene Terminal hinaus bekannt zu machen, so dass es auch in anderen Terminals den gleichen Wert erhält. Falls *export* nicht verwendet wird, dann bleibt der Wert bzw. die Werteänderung nur auf das eigene Terminal beschränkt.

15. Umgebungsvariablen erlauben es zum einen Werte des Betriebssystemkerns abzufragen, wie z. B. den Benutzernamen oder das aktuelle Verzeichnis. Zum anderen können sie das Verhalten des Betriebssystemkerns bzw. seiner Dienstprogramme zu beeinflussen, also z. B. mit *PATH* den Suchraum für die zu suchenden Befehle zu begrenzen oder zu erweitern oder das Aussehen des Kommandoprompts zu verändern. Es bietet also eine offene und transparente Schnittstelle auf das Betriebssystem.

16. Die Umgebungssvariablen können auch in der *bash_profile*- oder *.profile*-Datei des Benutzers dauerhaft verändert werden, z. B. in dem der Suchpfad *PATH* individuell angepasst wird und auch das eigene Benutzerverzeichnis nach neuen Kommandos durchsucht wird.

17. Die Alternativen wären die zugrunde liegende Dateistruktur oder die entsprechenden Datenbankeinträge, zum Beispiel einer Registry, für den Benutzer zu ändern.

18. Der Nutzen der Umgebungsvariablen ist sehr hoch, denn diese Variablen sind offen gelegt und lassen sich so einfach auslesen bzw. ändern.

19. Das aktuelle Verzeichnis lässt sich durch das Lesen der Umgebungsvariable *$PWD* bestimmen.

20. Der Kommandoprompt lässt sich durch Zuweisen eines anderen Wertes an die Umgebungsvariable *$PS1* ändern, z. B. *$PS1* = "++".

Grundlagen der Pipes

21. Eine Pipe, dargestellt durch |, verbindet die Ausgabe des ersten Befehls mit der Eingabe des zweiten Befehls.

22. Der Vorteil der Pipe ist, dass beide Befehle miteinander verbunden sind und so in eine Kommandozeile passen.

23. Es ist darauf zu achten, dass das Eingabeformat des zweiten Befehls dem Ausgabeformat des ersten Befehls entspricht.

24. Beispiele für den Einsatz von Pipes sind z. B. die Abfrage von Verzeichnissen, der laufenden Prozesse oder der aktuellen Benutzer und die anschließende Suche in den Informationen oder die seitenweise Anzeige der Informationen auf dem Bildschirm.

25. *ls | less* oder *ls | more*

Pipes

26. Ja, es lassen sich mehrere Pipes hintereinander schalten.

27. Der Verzeichnisinhalt kann seitenweise durch *ls | more* oder *ls | less* ausgegeben werden.

28. Bei einer seitenweisen Ausgabe kann man zwischen den Befehlen *more*, *less* oder *cat* wählen.

29. Bei einer Umleitung der Ausgabe, erfolgt die Ausgabe letztlich in einer Datei. Bei einer Pipe wird die Ausgabe eines Befehls zur Eingabe des nächsten Befehls weitergegeben.

30. Bei diesem Konstrukt werden von less keine Daten an more weitergegeben, aus diesem Grunde können dann auch keine Dateien angezeigt werden.

31. Ein typisches Anwendungsszenario sieht so aus, dass der erste Befehl Daten erzeugt, also eine Datenquelle ist, und die nachfolgenden Befehle per Pipe die Daten verarbeiten, z. B. filtern, auswählen oder anzeigen.

32. Falls der Befehl vor der Pipe keine Informationen liefert, dann ist die Konstruktion mittels Pipe sinnlos.

33. Der Befehl nach der Pipe verarbeitet die Daten. Dies kann z. B. bedeuten, dass die übergegebenen Daten sortiert, durchsucht, gefiltert, ausgewählt oder angezeigt werden.

Grundkonzepte bei der Umleitung der Ein- und Ausgabe von Befehlen

34. Die Umlenkung der Ein- oder Ausgabe bedeutet keine Verknüpfung zweier Befehle, wie bei einer Pipe, sondern nur, dass entweder die Eingabe von einer Datei kommt oder die Ausgabe in eine Datei umgeleitet wird.

35. Ein Beispiel für die Umleitung der Ausgabe ist z. B. die Umlenkung des Inhalts eines Verzeichnisses in eine Datei oder das Lesen einer Datei, um diese anschließend per Email zu versenden.

36. Die Standardeingabe ist die Tastatur und die Standardausgabe ist der Bildschirm. Diese Konfiguration ist so definiert, weil die Benutzer normalerweise ihre Eingaben auf der Tastatur vornehmen und sich dann die Ausgaben auf dem Bildschirm ansehen.

37. Anwendungsszenarien sind z. B. die folgenden: (1) die Umlenkung der aktuell laufenden Prozesse in eine Datei, um so später die Situation analysieren zu können oder (2) die Umleitung der umfangreichen Ergebnisse einer Suche in eine Datei, um so alle Suchergebnisse bearbeiten zu können.

38. Ja, man kann gleichzeitig die Ein- und Ausgabe umleiten.

Umleitung der Ein- und Ausgabe von Befehlen

39. *mv –v datei* /tmp/uebung > ausgabedatei;   ausgabedatei | less*

40. *find / -name hallo* 2>&1 ausgabedatei*

41. *grep hallo * > ausgabedatei*
    Eine weitere mögliche Auswirkung könnte die Bestimmung der Zahl der Fundstellen bzw. Vorkommen sein.

42. Bei der Umleitung von Ein- und Ausgabe ist auf das Datenvolumen und das passende Datenformat bei der folgenden Weiterverarbeitung zu achten.

43. *who –a > ausgabedatei; sort ausgabedatei ;*
    Der Vorteil dieses Vorgehens ist, dass die Daten in der Datei *ausgabedatei* vorliegen und dann nach unterschiedlichen Kriterien sortiert werden können.

44. Nein, normalerweise nicht, denn die Linux manual pages erlauben schon eine seitenweise Anzeige oder ein Ausdrucken der Dokumentation.

45. Die Fehlermeldungen und die restlichen Daten werden in dieselbe Ausgabedatei umgeleitet.

Allgemeines zu Aliasen

46. Ein Alias ist einfach ein anderer Name für eine Befehlsfolge. Es ist also die Definition eines neuen Befehls basierend auf der Durchführung vorhandener Befehle.

47. Ein Alias erlaubt es auch komplexe(re) Befehlsfolgen durch einen einfachen Befehlsnamen aufzurufen bzw. zu ersetzen.

48. Nein, bis auf die Tatsache, dass die Aliase im Regelfall kürzer sind.

49. Ja, indem die Aliase in die Konfigurationsdateien der bash eingetragen werden.

Aliase

50. *alias del = 'rm'*

51. *alias lseite = 'ls –l | less'*

52. Mit einer Prozedur, einer Methode oder einem Makro einer Programmiersprache.

53. Man definiert Aliase, um häufig auftretende lange Kommandozeilen abzukürzen und insbesondere durch kurze befehle zu ersetzen.

54. Durch Aufruf von *alias* erhalten Sie die aktuell definierten Aliase.

55. Die Aliase werden im Regelfall in der Datei *.bashrc* dauerhaft definiert.

56. Nein, ein Alias reagiert genauso auf weitere Optionen oder Parameter wie der ursprüngliche Befehl.

Grundlagen der logischen Verknüpfung von Befehlen

57. Als logische Verknüpfungen gibt es die *Sequenz* (;), das logische *und* (&&) und das logische *oder*(||).

58. Logische Verknüpfungen sind sinnvoll, um sicher zu stellen, dass alle Vorbedingungen für einen Befehl erfüllt sein müssen. Zum Beispiel um ein Verzeichnis zu löschen, müssen zuvor alle Dateien und Unterverzeichnisse gelöscht werden oder um eine Datei weiterzuverarbeiten, muss diese erst einmal erzeugt sein.

59. Ein Beispiel ist hierbei der Fall des zu löschenden Verzeichnisses (s.o.), bei dem vorher alle Dateien und Unterverzeichnisse gelöscht werden (also eine logische und-Verknüpfung beider Operationen).

Logische Verknüpfung von Befehlen

60. Kommandos die hintereinander ausgeführt werden sollen, werden durch ; getrennt. Ein Beispiel wäre: *touch eineDatei ; less eineDatei ; rm eineDatei*

61. *touch einDatei && less eineDatei*
Die Kommandos sollten durch ein logisches UND (d. h. &&) verbunden sein, denn nur wenn die Datei erfolgreich erzeugt werden konnte, kann sie auch angezeigt werden.

62. *rm einVerzeichnis /* && rmdir einVerzeichnis ;*
Auch hier ist es zuerst erforderlich, dass alle Dateien des Verzeichnisses gelöscht werden, bevor das Verzeichnis selbst gelöscht werden kann. Dies bedeutet auch in diesem Fall handelt es sich

63. *touch eineDatei || ls –al ;*
das zweite Kommando kann unabhängig vom Erfolg der Erstellung der Datei „eineDatei" ausgeführt werden. Die erfolgreiche Ausführung der Dateierzeugung hat natürlich einen Einfluß auf das Ergebnis, aber prinzipiell können die diese beiden Kommandos unabhängig voneinander ausgeführt werden und somit mit einem logischen ODER verknüpft werden. Wenn die Datei angezeigt werden sollte, dann ist es notwendig, dass die Datei existiert, somit herrscht eine logische UND-Verknüpfung vor.

64. *touch eineDatei || grep hallo *.txt ;*
Auch in diesem Fall können die beiden Kommandos unabhängig voneinander ausgeführt werden, also können sie mit einem logischen ODER verknüpft werden.

65. *rm einVerzeichnis/datei* || rm anderesVerzeichnis/datei* ;*
    Beide Operationen beeinflussen sich nicht und können somit mit einem logischen ODER verknüpft werden.
66. Falls die Kommandozeile über eine Textzeile hinausgehen soll, so kann dies mittels dem \ Symbol erreicht werden. Nein, es ist keine logische Verknüpfung.

Quoting und Sonderzeichen

67. Quoting ermöglicht es auch Leerzeichen in Dateinamen zu verwenden.
68. Sonderzeichen in Dateinamen sind z. B. die wild cards. Falls diese aber einfach nur als Teil eines Namens verwendet werden sollen, dann muß ein Backslash (\ ) vorangestellt werden.
69. Bei einfachen Hochkommata werden die Umgebungsvariablen nicht ausgewertet, bei doppelten Hochkommata hingegen schon.
70. Quoting erlaubt die Verwendung von Leerstellen in einem Ausdruck.
71. Bei einfachen Hochkommata werden Variablen nicht ausgewertet (und als solche angezeigt), bei doppelten Hochkommata werden hingegen die Variablen ausgewertet und deren Inhalte angezeigt.
72. Die Dateinamen müssen in Hochkommata gesetzt werden, die Groß- und Kleinschreibung wird berücksichtigt und die Länge des Dateinamens ist begrenzt.
73. Die Sonderzeichen * und *?* werden mittels eines Backslashs (\ ) dargestellt, also in der folgenden Form * und \\?, da sie ansonsten als wild cards interpretiert würden.

Einführung in die Kommandohistorie

74. Die history Funktion erlaubt es, die letzten Kommandos, die während einer Benutzersitzung eingegeben worden sind, wieder aufzurufen und ggf. zu verändern.
75. Bei der automatischen Vervollständigung von Dateinamen wird der Anfang des Dateinamens angegeben, danach die *TAB*-Taste gedrückt und anschließend werden alle entsprechenden, möglichen Datei- oder Verzeichnisnamen angezeigt, unter denen der passende ausgewählt werden kann.
76. Das Editieren von Kommandos ist im Regelfall effizienter, da es erlaubt umfangreiche Befehlsfolgen auf die jeweilige Situation schnell und effizient anzupassen.

Abänderung von Kommandos und Befehlshistorie

77. *history*
78. *!!*
79. *!!*
80. *!5*
81. *history 20*
82. *!m*
83. Die Befehlshistorie erlaubt es einfach frühere Befehle wieder zu listen und aufzurufen. Die Befehlshistorie wird im Regelfall dann verwendet, wenn es schneller geht, einen früheren Befehl aufzurufen und abzuändern, als komplett neu einzutippen.
84. Bei längeren Kommandozeilen ist es a priori immer sinnvoll(er), zuerst zu versuchen eine ähnliche oder vergleichbare Kommandozeile zu modifizieren. Ingesamt gilt es aber ab-

zuwägen, dass die Suche und die Veränderung letztlich weniger Aufwand bedeuten als eine vollständige Neueingabe.

7 Anhang

7.1 Glossar

Ausgabe
Als Ausgabe definiert man die Anzeige von Daten auf einem Bildschirm oder die Weiterleitung an ein anderes Ausgabemedium (Datei in einem Speichergerät, Drucker usw.). Die Ausgabe ist das Gegenteil der Eingabe.

Befehlszeilenergänzung
Die Befehlszeilenergänzung (auch als Tabcompletion bekannt) ergänzt automatisch die schon eingegebene Befehlswörter oder schlägt die möglichen Vervollständigungen vor, die in Frage kommen, falls es keine eindeutige Lösung gibt.

Betriebssystem
Ein Betriebssystem ist eine systemnahe Software, die die Betriebsmittel eines Computers, z. B. Prozessorzeit, Speicher, Festplattenkapazität, verwaltet. Die Programmstruktur eines Betriebssystems besteht in der Regel aus einem Betriebssystemkern (engl. Kernel) und einer Vielzahl von Systemprogrammen.

Bildschirm
Ein Bildschirm ist ein Ausgabegerät und dient der Anzeige von Texten, Grafiken oder Bildern.

Datei
Eine Datei ist eine strukturierte Zusammenstellung von Daten, die semantisch zusammengehören und die sich auf einem Datenträger befinden.

Eingabe
Als Eingabe definiert man in der Informatik das Eingeben von Daten in einen Computer. Typische Eingabegeräte sind Tastaturen, Mäuse usw. Die Eingabe ist das Gegenteil der Ausgabe.

Kommandozeile
Eine Kommandozeile ist, im Regelfall, eine eingegebene Textzeile, für die Steuerung einer Anwendung, insbesondere eines Betriebssystems. Die Eingabe wird normalerweise mit dem Drücken der Enter- bzw. Return-Taste beendet. Die Kommandozeile besteht aus einem Befehl und gegebenenfalls mehreren Optionen, sie wird anschließend von einem Kommandozeileninterpreter ausgewertet und ausgeführt.

Kommandozeileninterpreter
Ein Kommandozeileninterpreter (engl. shell) ist ein Programm, das die Kommandozeile des Benutzers als Eingabe entgegen nimmt, auswertet und dann ausführt. Der wichtigste Kommandozeileninterpreter für Linux ist die bourne again shell (bash).

Kommandozeilenparameter
In Linux werden Parameter in Form des „-" Symbols eingeführt und dann mit einzelnen Buchstaben kombiniert. Hingegen werden im Regelfall keine besonderen Parameter benötigt, wenn es sich um Dateinamen handelt.

Linux
Linux ist ein mehrbenutzerfähiges Betriebssystem, das auf mehreren Hardware-Plattformen verfügbar ist. Der Quelltext ist offen und frei verfügbar, wobei die Architektur und die Umsetzung stark an UNIX angelehnt ist.

Tastatur
Eine Tastatur ist ein Eingabegerät und dient der Eingabe von Daten durch das Drücken der verschiedenen Tasten.

Terminal
Das Terminal eines

dient der Eingabe und Ausgabe von Daten. Textkonsolen, d. h. text-basierte Ein- und Ausgabegeräte, werden häufig als virtuelle Terminals bezeichnet.

Umgebungsvariable
Eine Umgebungsvariable enthält (1) Pfade zu Dateien oder (2) Daten, die von Anwendungsprogrammen oder dem Betriebssystem ausgelesen oder zugewiesen werden können.

7.2   Literaturempfehlungen

Anbei finden Sie eine sehr subjektive Auswahl an Büchern zu den einzelnen Informatik- und insbesondere Linux-Themenbereichen.

Grundlagen der Informatik

Heinz Peter Gumm, Manfred Sommer, „Einführung in die Informatik", 7., vollständig überarbeitete Auflage, München, Oldenbourg 2006.

Grundlagen der Betriebssysteme

Hans-Jürgen Siegert, Uwe Baumgarten, „Betriebssysteme. Eine Einführung", 6., überarb., aktualis. u. erw. Aufl. , München, Oldenbourg 2006

Andrew S. Tanenbaum, „Moderne Betriebssysteme", 4., überarb. Aufl., München, Pearson Studium 2002

Grundlagen der Rechnersysteme und Computerarchitektur

Walter Oberschelp, Gottfried Vossen, „Rechneraufbau und Rechnerstrukturen", 10., überarbeitete und erweiterte Auflage, München, Oldenbourg 2006

Andrew S. Tanenbaum „Computerarchitektur. Strukturen - Konzepte – Grundlagen", 5. veränd. Aufl., München, Pearson Studium 2005

Linux Grundlagen

Michael Kofler, „Linux -- Installation, Konfiguration, Anwendung", München, Addison-Wesley 2006

Johannes Plötner, Steffen Wendzel, „Linux - das distributionsunabhängige Handbuch", Bonn, Galileo Press 2006

Kurzreferenz von Linux und dem vi

Daniel J. Barrett, „Linux kurz und gut.", Köln, O'Reilly 2004

Arnold Robbins, „vi-Editor. Kurz und gut.", Köln, O'Reilly 1999

Linux Kernel

Robert Love, „Linux-Kernel Handbuch. Leitfaden zu Design und Implementierung von Kernel 2.6" , München, Addison-Wesley 2005

Linux Systemadministration

Christine Wolfinger, Jürgen Gulbins, Carsten Hammer, „Linux Systemadministration. Grundlagen, Konzepte, Anwendung", Springer 2004

Jochen Hein, „Linux-Systemadministration. Einrichtung, Verwaltung,. Netzwerkbetrieb", München, Addison-Wesley 2005

Linux Netzwerk
Tony Bautts, Terry Dawson, Gregor N.Purdy, „Linux Netzwerk-Handbuch", Köln, O'Reilly 2005

Kommerzielle UNIX Versionen

AIX
Eine der besten Quellen für AIX bilden die sogenannten IBM Redbooks, zu erhalten unter: www.ibm.com/redbooks .

HP-UX
Rafeeq Rehman, "HP Certified: HP-UX System Administration: System and Network Administration", Prentice Hall PTR 2000

Solaris
Rolf Dietze, Tatjana Heuser, Jörg Schilling, „OpenSolaris für Anwender, Administratoren und Rechenzentren", Springer, Berlin 2006

7.3 Übersicht der Kommandos

7.3.1 Alphabetische Gliederung der Linux Kommandos

`<Befehl> > <Befehl>`	Umleitung der Ausgabe
`<Befehl> < <Befehl>`	Umleitung der Eingabe
`<Befehl> 2>&1 <Befehl>`	Umleitung der Fehlermeldung in die Datei
`<Befehl> ; <Befehl>`	; trennt Befehle auf Kommandozeile
`<Befehl> && <Befehl>`	&& erfordert, dass beide Befehle gelingen
`<Befehl> || <Befehl>`	|| erfordert, dass nur ein Befehl gelingt
`alias <neuer Kommandoname>= '<Befehl, ggf. Optionen> '`	Befehl definieren
`apropos <Wort>`	liefert Liste von Kommandos zum Wort
`cal`	zeigt den aktuellen Kalendermonat
`cd <Verzeichnis>`	wechselt in das angegebene Verzeichnis
`chgrp <Benutzergruppe> <Datei>`	weist der Datei die Benutzergruppe zu
`chmod <symbol. Ausdruck> <Datei>`	weist Datei Zugriffsrechte in Form eines symbolischen Ausdrucks bzw. einer Oktalzahl zu
`chown <Benutzername> <Datei>`	weist Datei anderen Benutzer zu
`cp <Datei> <Verzeichnis>`	Datei wird ins Verzeichnis kopiert
`date`	zeigt das aktuelle Datum, inklusive Uhrzeit, an
`echo $<Umgebungsvariable>`	zeigt Inhalt der Umgebungsvariable an
`env`	zeigt alle Umgebungsvariablen an
`export <Umgebungsvariable>=<Wert>`	verändert Umgebungsvariable
`find <Anfangsverzeichnis> <Optionen>`	sucht Dateien nach Eigenschaften

`grep <Optionen> <Ausdruck> <Dateien>`	sucht Ausdruck in Dateien
`head <Datei>`	Anzeige der ersten Seite der Datei
`history`	Aufruf der Befehlshistorie
`hostname`	zeigt den Rechnernamen an
`less <Datei>`	Anzeige der Datei, vollständige Navigation
`ls <Optionen> < Pfad>`	zeigt Inhalt eines Verzeichnisses an
`man <Kommando>`	gibt die Dokumentation zum Kommando aus
`mkdir <Verzeichnis>`	Verzeichnis wird erzeugt
`more <Datei>`	Anzeige der Datei, seitenweise Navigation
`mv <Datei><Verzeichnis>`	Datei wird in Verzeichnis bewegt
`pwd`	zeigt aktuelles Verzeichnis an
`rm <Datei>`	Datei wird gelöscht
`rmdir <Verzeichnis>`	Verzeichnis wird gelöscht
`sort <Optionen> <Datensätze>`	sortiert Datensätze
`tail <Datei>`	Anzeige der letzten Seite der Datei
`touch <Datei>`	Datei wird erzeugt, falls noch nicht existent
`umask <4-Oktalzahl>`	definiert die Standard-Zugriffsrechte für Dateien in Form einer 4-stelligen Oktalzahl
`uname`	gibt das verwendete Betriebssystem aus
`vi <Datei>`	Texteditor vi wird mit Datei aufgerufen
`whatis <Kommando>`	gibt kurze Erklärung zum Kommando aus
`whereis <Kommando>`	gibt die Position des Kommandos an
`who`	gibt alle eingeloggten Benutzernamen aus
`whoami`	gibt den eigenen Benutzernamen aus

7.3.2 Thematische Gliederung der Linux Kommandos

Dokumentation	
`man <Kommando>`	gibt die Dokumentation zum Kommando aus
`apropos <Wort>`	liefert Liste von Kommandos zum Wort
`whatis <Kommando>`	gibt kurze Erklärung zum Kommando aus
`whereis <Kommando>`	gibt die Position des Kommandos an
Benutzername	
`who`	gibt alle eingeloggten Benutzernamen aus
`whoami`	gibt den eigenen Benutzernamen aus
Rechnername, Betriebssystem	
`Hostname`	zeigt den Rechnernamen an
`Uname`	gibt das verwendete Betriebssystem aus
Datum, Kalender	
`date`	zeigt das aktuelle Datum, inklusive Uhrzeit, an
`cal`	zeigt den aktuellen Kalendermonat
Anzeige einer Datei	
`less <Datei>`	Anzeige der Datei, vollständige Navigation
`more <Datei>`	Anzeige der Datei, seitenweise Navigation
`head <Datei>`	Anzeige der ersten Seite der Datei
`tail <Datei>`	Anzeige der letzten Seite der Datei
Verzeichnisse	
`pwd`	zeigt aktuelles Verzeichnis an
`ls <Optionen> < Pfad>`	zeigt Inhalt eines Verzeichnisses an
`cd <Verzeichnis>`	wechselt in das angegebene Verzeichnis

`mkdir <Verzeichnis>`	Verzeichnis wird erzeugt
`rmdir <Verzeichnis>`	Verzeichnis wird gelöscht
Dateien	
`mv <Datei><Verzeichnis>`	Datei wird in Verzeichnis bewegt
`cp <Datei1><Verzeichnis>`	Datei1 wird ins Verzeichnis kopiert
`touch <Datei>`	Datei wird erzeugt, falls noch nicht existent
`rm <Datei>`	Datei wird gelöscht
Zugriffsrechte	
`chmod <symbol. Ausdruck> <Datei>`	weist Datei Zugriffsrechte in Form eines symbolischen Ausdrucks bzw. einer Oktalzahl zu
`chown <Benutzername> <Datei>`	weist Datei anderen Benutzer zu
`chgrp <Benutzergruppe> <Datei>`	weist der Datei die Benutzergruppe zu
`umask <4-Oktalzahl>`	definiert die Standard-Zugriffsrechte für Dateien in Form einer 4-stelligen Oktalzahl
Texteditor vi	
`vi <Datei>`	Texteditor vi wird mit Datei aufgerufen
Suchen	
`find <Anfangsverzeichnis> <Optionen>`	sucht Dateien nach Eigenschaften
`grep <Optionen> <Ausdruck> <Dateien>`	sucht Ausdruck in Dateien
Sortieren	
`sort <Optionen> <Datensätze>`	sortiert Datensätze
Umgebungsvariablen	
`echo $<Umgebungsvariable>`	zeigt Inhalt der Umgebungsvariable an
`export <Umgebungsvariable>=<Wert>`	verändert Umgebungsvariable

`env`	zeigt alle Umgebungsvariablen an
Umleitng der Ein- und Ausgabe	
`<Befehl> > <Befehl>`	Umleitung der Ausgabe
`<Befehl> < <Befehl>`	Umleitung der Eingabe
`<Befehl> 2>&1 <Befehl>`	Umleitung der Fehlermeldung in die Datei
Befehle definieren und anordnen	
`alias    <neuer    Kommandoname>=` `'<Befehl, ggf. Optionen>'`	Befehl definieren
`<Befehl> ; <Befehl>`	; trennt Befehle auf Kommandozeile
`<Befehl> && <Befehl>`	&& erfordert, dass beide Befehle gelingen
`<Befehl> || <Befehl>`	|| erfordert, dass nur ein Befehl gelingt
Befehlshistorie	
`history`	Aufruf der Befehlshistorie

7.4 Index

www.ingramcontent.com/pod-product-compliance
Lightning Source LLC
LaVergne TN
LVHW080117070326
832902LV00015B/2632